TESSLOFFS

ATLAS DER TIERE

TESSLOFFS
ATLAS DER TIERE

Mark Carwardine

Tessloff Verlag

In neuer deutscher Rechtschreibung
überarbeitete Neuauflage

Aus dem Englischen von Simone Wiemken
Wissenschaftliche Beratung durch Prof. Dr. Gerd Hartmann

ISBN 3-7886-1392-0

Printed in Singapore

INHALT

EINFÜHRUNG

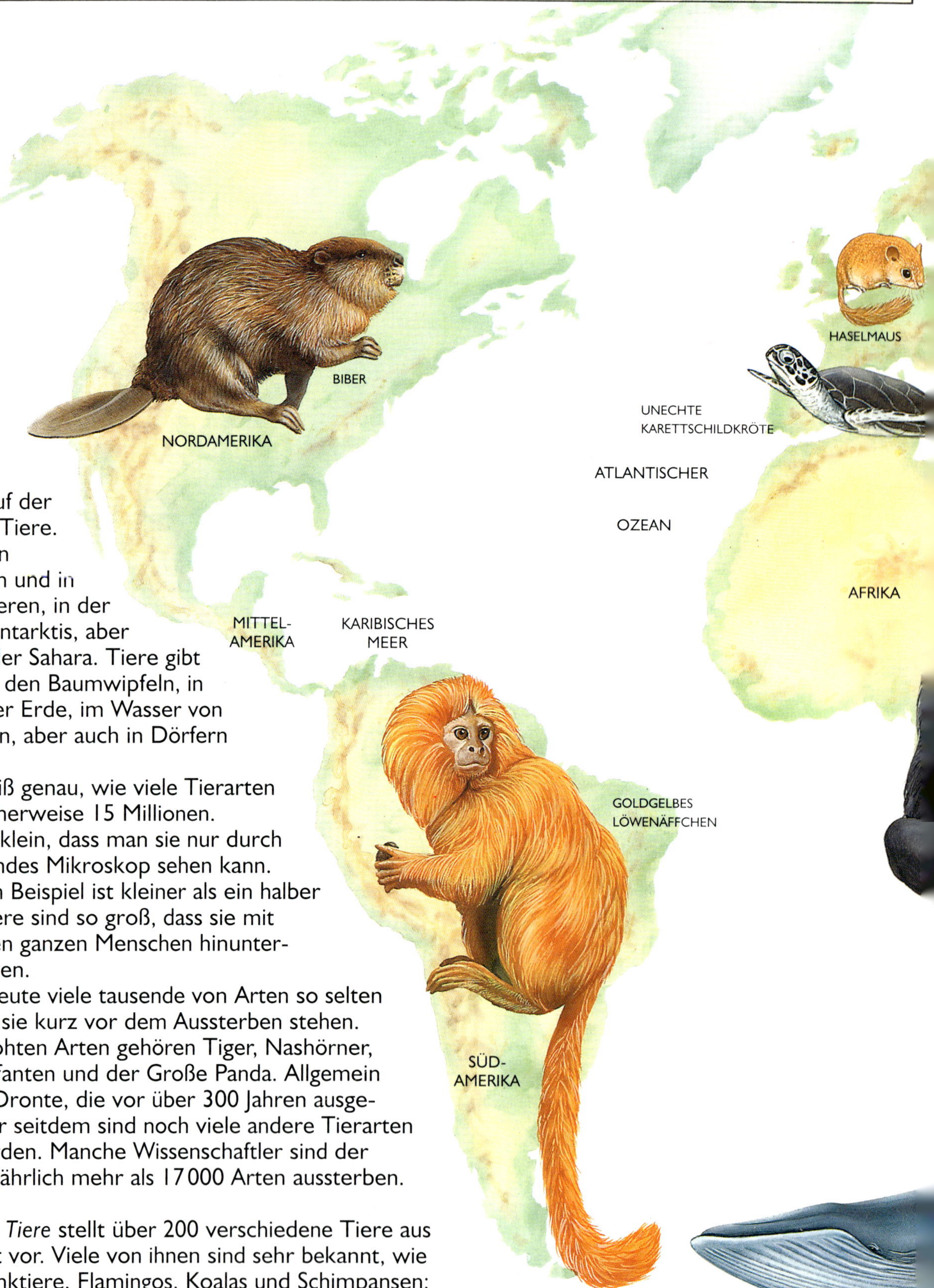

Fast überall auf der Welt gibt es Tiere. Sie leben auf den höchsten Bergen und in den tiefsten Meeren, in der Eiseskälte der Antarktis, aber auch mitten in der Sahara. Tiere gibt es hoch oben in den Baumwipfeln, in Höhlen unter der Erde, im Wasser von Seen und Flüssen, aber auch in Dörfern und Städten.

Niemand weiß genau, wie viele Tierarten es gibt – möglicherweise 15 Millionen. Manche sind so klein, dass man sie nur durch ein hochauflösendes Mikroskop sehen kann. Die Amöbe zum Beispiel ist kleiner als ein halber Millimeter. Andere sind so groß, dass sie mit Leichtigkeit einen ganzen Menschen hinunterschlucken könnten.

Leider sind heute viele tausende von Arten so selten geworden, dass sie kurz vor dem Aussterben stehen. Zu diesen bedrohten Arten gehören Tiger, Nashörner, Bartenwale, Elefanten und der Große Panda. Allgemein bekannt ist die Dronte, die vor über 300 Jahren ausgestorben ist. Aber seitdem sind noch viele andere Tierarten ausgelöscht worden. Manche Wissenschaftler sind der Ansicht, dass alljährlich mehr als 17 000 Arten aussterben.

Der *Atlas der Tiere* stellt über 200 verschiedene Tiere aus der ganzen Welt vor. Viele von ihnen sind sehr bekannt, wie zum Beispiel Stinktiere, Flamingos, Koalas und Schimpansen; aber auch weniger bekannte wie Fingertiere, Gaviale und Komodo-Warane werden vorgestellt.

Das Buch ist in acht Kapitel unterteilt, von denen jedes über einen Teil der Welt informiert: Nördliches und südliches Europa, Nordamerika, Mittel- und Südamerika,

Afrika, den Mittleren Osten und Asien, Australien und Ozeanien und die Polargebiete (Arktis und Antarktis). Jedes Kapitel enthält mehrere Doppelseiten, von denen jede ein eigenes Thema behandelt: eine Einführung in die Region; Informationen über die interessantesten Tiere dieser Region und speziellere Ausführungen zu Themen wie dem Überleben in der Kälte, gefährliche Tiere und sogar das Ungeheuer von Loch Ness.

Außerdem enthält jedes Kapitel einen „Schon gewusst?-Kasten" mit faszinierenden Tatsachen über die merkwürdigsten, größten, kleinsten, schnellsten oder langsamsten Tiere der betreffenden Region.

NÖRDLICHES EUROPA

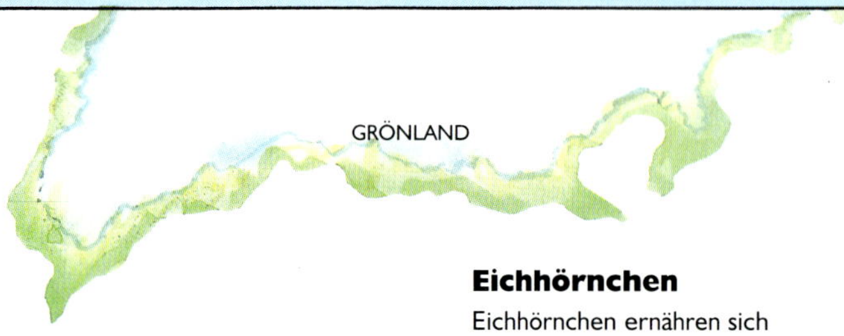

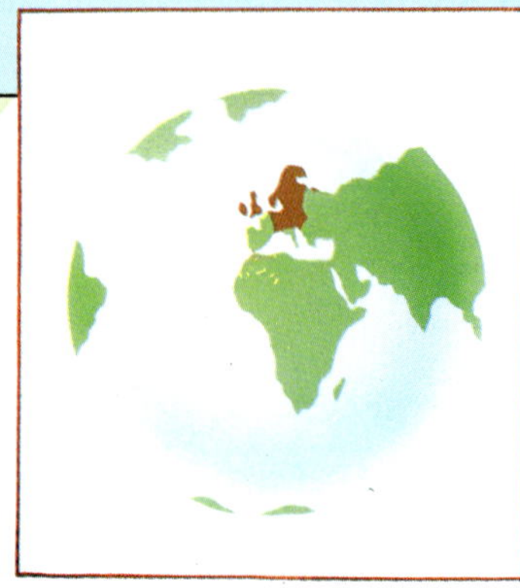

Frosch

Frösche haben besonders starke und lange Hinterbeine, mit denen sie weite Sprünge machen können. Sie springen um voranzukommen und um sich vor Feinden in Sicherheit zu bringen. Dabei bewegen sie sich so schnell, dass es fast unmöglich ist sie zu fangen.

Eichhörnchen

Eichhörnchen ernähren sich hauptsächlich von den Samen aus Fichtenzapfen, die sie auf dem Baum sitzend abpflücken. Ein einziges Eichhörnchen kann bis zu einhundertfünfzig Fichtenzapfen am Tag leer fressen.

Nachtigall

Die Nachtigall ist berühmt für ihren wunderschönen Gesang. Er ist laut und klar und klingt immer anders. Die Nachtigall singt zwar nur im Frühling und Frühsommer, dafür kann man sie aber sowohl tagsüber als auch nachts hören.

Flughörnchen

Wenn Flughörnchen sich an Baumstämmen festkrallen oder an ihnen herumklettern, ähneln sie normalen Eichhörnchen. Ist jedoch ein Ast oder ein anderer Baum so weit entfernt, dass sie ihn mit einem Sprung nicht erreichen können, klettern sie so hoch wie möglich und springen dann ab. Eine spezielle Flughaut zwischen Vorder- und Hinterbeinen ermöglicht es ihnen, bis zum nächsten Baum durch die Luft zu gleiten.

Maulwurf

Maulwürfe verbringen fast ihr ganzes Leben unter der Erde. Mit ihren Vorderpfoten graben sie unterirdische Gänge. Die lose Erde, die sie während des Grabens an die Erdoberfläche befördern, bildet die Maulwurfshügel.

Specht

Auf der ganzen Welt gibt es über zweihundert verschiedene Spechtarten. Spechte haben scharfe Krallen, mit denen sie sich an Baumstämmen festklammern, und starke, gerade Schnäbel, mit denen sie Nesthöhlen in Baumstämme hacken oder leckere Insekten unter der Rinde hervorholen.

Fischadler

Der Fischadler ist ein ausgezeichneter Fischer. Er fliegt über einen See oder Fluss und hält Ausschau nach einer Forelle oder einem Hecht, der dicht unter der Oberfläche schwimmt. Dann stürzt er sich ins Wasser, wobei er völlig untertaucht, und packt die Beute mit den Krallen.

Otter

Otter sind sehr verspielte Tiere. Sie lieben es, im Schnee herumzutollen, schlagen Purzelbäume, jagen ihre eigenen Schwänze und balancieren manchmal sogar Steine auf dem Kopf.

Fuchs

Füchse kommen in vielen Gegenden der Welt vor. Sie leben in Erdhöhlen oder „Bauen“ mit mehreren Eingängen, die sie auch in Dörfern und Städten unter Geräteschuppen und selbst Blumenbeeten anlegen. Füchse fressen fast alles – von Kleinwild, Insekten und Regenwürmern bis zu den Abfällen in Mülltonnen.

Das nördliche Europa bedeckt nur ungefähr zwei Prozent der Landmassen der Erde. Es ist jedoch sehr dicht besiedelt, und im Laufe der Jahrhunderte haben seine Bewohner einen großen Einfluss auf andere Länder ausgeübt. Ihre Kulturen, Sprachen und Traditionen haben das Leben von Menschen auf der ganzen Welt verändert.

Zu Nord-, Mittel-, West- und Osteuropa, das von Grönland nördlich des Polarkreises bis zur Schweiz reicht, gehören über 20 Staaten. Fast ein Viertel Russlands wird gleichfalls zu Europa gerechnet, während das riesige Gebiet jenseits des Urals zu Asien gehört.

Schule

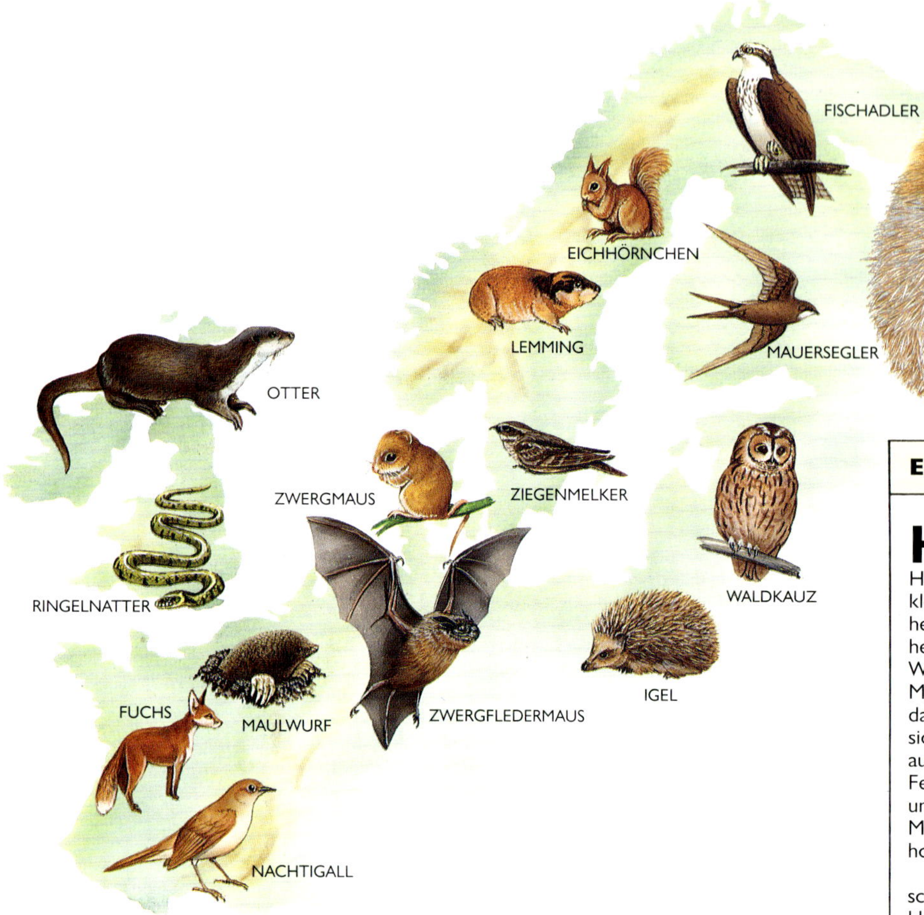

Igel

Der Rücken des Igels ist mit ungefähr 5 000 Stacheln besetzt. Die Stacheln sind umgewandelte Haare, die den Igel vor seinen Feinden schützen. Wenn er sich bedroht fühlt, rollt sich der Igel einfach zu einer stacheligen Kugel zusammen. Er kann stundenlang in dieser Stellung verharren, und kein anderes Tier, wie etwa ein Dachs oder ein Fuchs, kann ihm etwas tun.

Ein langer Winterschlaf

Haselmäuse leben hauptsächlich in Wäldern, Hecken und Gärten und klettern mit großer Gewandtheit in Bäumen und Büschen herum. Sie halten einen langen Winterschlaf, der etwa sieben Monate oder noch länger dauern kann. Dabei rollen sie sich so zusammen, dass sie aussehen wie kleine Fellknäuel, die in Nestern unter welkem Laub oder Moos oder auch in einem hohlen Baumstamm liegen.

Um sich auf den Winterschlaf vorzubereiten, fressen Haselmäuse im Herbst so viele Samen und Früchte, wie sie nur können. Wie ihr Name verrät, verzehren sie besonders gern Haselnüsse. Wenn sie ihren Winterschlaf beginnen, haben sie so stark zugenommen, dass sich ihr Gewicht verdoppelt hat.

Während des Winterschlafs zehren sie von dem gespeicherten Fett, sodass sie im Frühjahr wesentlich dünner aufwachen. Deshalb müssen die Haselmäuse nach Beendigung ihres Winterschlafs gleich auf Nahrungssuche gehen.

Einst war der größte Teil Europas mit Wald bedeckt. Doch im Laufe der Jahrhunderte wurden die meisten Wälder abgeholzt, um Platz für Ackerland und Ansiedlungen zu schaffen. Leider wurde dadurch auch der Lebensraum für viele Pflanzen und Tiere stark eingeschränkt. Es gibt einige Tierarten, wie zum Beispiel Dachse und Füchse, die sich inzwischen an das Leben in Parks und Gärten gewöhnt haben. Andere, wie die Wildkatze, haben sich zurückgezogen und leben jetzt nur noch in sehr abgelegenen Gegenden, in die selten ein Mensch kommt. Viele Tierarten sind völlig verschwunden, weil sie keinen neuen Lebensraum fanden oder bis zum Aussterben gejagt wurden.

Wölfe waren einmal in Nordeuropa weit verbreitet, sie starben jedoch schon vor vielen Jahren aus, und das letzte Paar Riesenalke wurde 1844 auf Island getötet. Nach wie vor sterben Pflanzen und Tiere in Europa aus – trotz tausender von Naturschutzgebieten und Nationalparks, die zu ihrem Schutz dienen sollen.

Blauwal

Der Blauwal ist das größte Tier der Welt. Er wiegt mehr als dreißig Elefanten – ungefähr 150 Tonnen. Mit einer Länge bis zu dreißig Metern ist er größer als der größte Dinosaurier, den es je gab. Heute leben in den Ozeanen der Welt nur noch etwa 5 000 Blauwale, weil so viele von ihnen in der Vergangenheit gejagt und getötet wurden.

Das Ungeheuer von Loch Ness

Gibt es noch Tiere aus der Vorzeit? Viele Menschen glauben, dass wirklich eines oder sogar mehrere solcher Tiere in Loch Ness, einem See in Schottland, leben. Viele behaupten, „Nessie", wie das „Ungeheuer" genannt wird, sogar gesehen zu haben: sie haben Fotos von undeutlichen Formen im Wasser gemacht. Ein paar Mal soll das Ungeheuer sogar aus dem Wasser aufgetaucht sein.

Loch Ness ist zweifellos groß genug für solch ein Lebewesen. Der See ist ungefähr 40 Kilometer lang und bis zu drei Kilometer breit. Ein Drittel des Sees ist über 175 Meter tief, und in ihm leben viele große Fische, zum Beispiel Lachse, Forellen und Hechte; „Nessie" hätte also genug zu fressen.

Auch aus anderen Teilen der Welt kommen Berichte über merkwürdige „Ungeheuer". Menschen wollen riesige Tintenfische und Seeschlangen, gewaltige Schneemenschen und gigantische Pflanzen gesehen haben. All diese Berichte werden von Wissenschaftlern überprüft, aber die meisten Menschen sind sehr misstrauisch und halten es für unwahrscheinlich, dass solche Lebewesen wirklich existieren.

Andererseits gab es aber auch niemanden, der die Berichte über ein Tier glaubte, das wie eine Kreuzung zwischen einem Zebra und einer Giraffe aussehen sollte – bis das Okapi 1901 im westafrikanischen Busch entdeckt wurde. Es ist also möglich, dass es noch unentdeckte größere Lebewesen gibt.

Die längsten Tiere der Welt

größte Exemplare (in Metern)

Säugetiere:
Blauwal

30

Vögel:
Wanderalbatros (Flügelspannweite)

3,5

Kriechtiere:
Netzpython

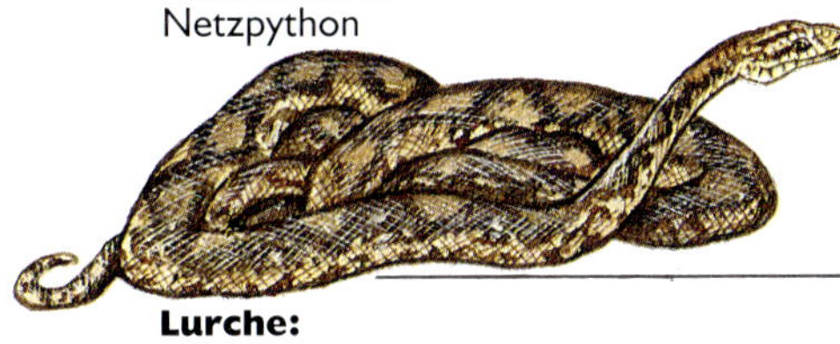

10

Lurche:
Chinesischer Riesensalamander

1,40

Fische:
Walhai

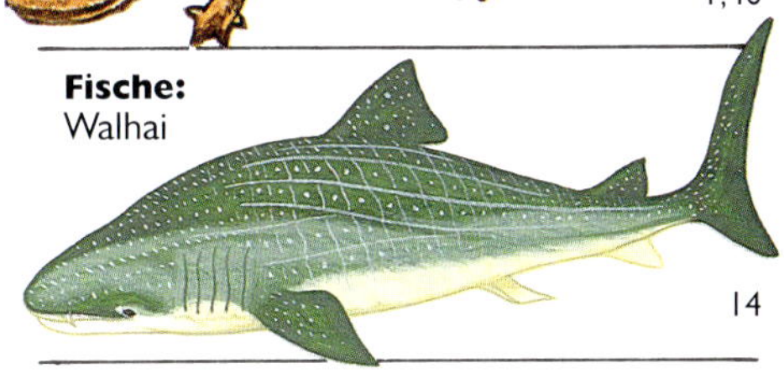

14

Wirbellose:
Schnurwurm
Lineus longissimus

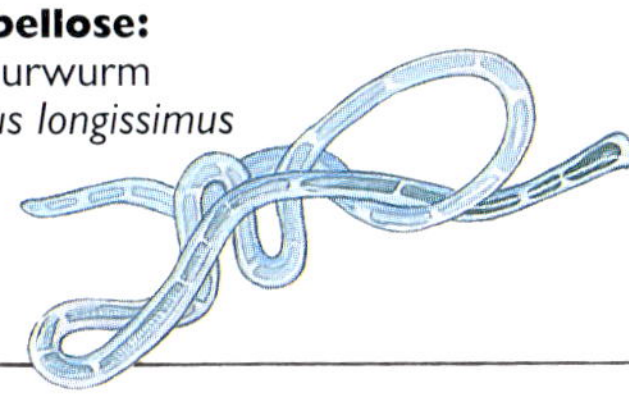

55

Ziegenmelker

In der Dämmerung, wenn die meisten anderen Vögel schon schlafen, geht der Ziegenmelker auf die Jagd nach Insekten, die er im Flug fängt. Sein Schlund ist so weit, dass er selbst große Nachtfalter mühelos schlucken kann.

Dennoch gibt es in Nordeuropa noch viele wild lebende Tiere. In felsigen Küstengebieten finden sich Papageitaucher, Lummen, Tölpel und Tordalken. Weitere in Nordeuropa heimische Tiere sind Otter, Seeadler, Seehunde, Steinadler, Hirsche, Gämsen und viele andere.

Lachse sind berühmt für ihre gefährlichen Reisen flussaufwärts. Sie müssen gegen starke Strömungen anschwimmen und bis zu fünf Meter hohe Wasserfälle überwinden, um genau die Stelle in einem Fluss zu erreichen, an der sie selbst aus dem Ei geschlüpft sind. Nach der Paarung und Eiablage sterben viele der erwachsenen Lachse, ehe sie das Meer wieder erreichen.

Tiere der Nacht

Dachse verbringen den Tag schlafend in ihren unterirdischen Bauen. Ein typischer Dachsbau besteht aus vielen Röhren und Kammern mit zahlreichen Ein- und Ausgängen und wird von zehn oder mehr Dachsen bewohnt. Die Wohnkammern oder Kessel sind mit Blättern und Gras ausgepolstert, die die Dachse in trockenen Nächten in den Bau schleppen.

Am frühen Abend oder in der Nacht wagen sich die Dachse aus dem Bau. Zuerst schnuppern sie, ob ihnen Gefahr droht. Wenn sie sich sicher fühlen, kommen sie heraus, um sich erst einmal ausgiebig zu kratzen. In abgelegenen Gegenden erscheinen sie manchmal auch schon während des Tages. In den meisten Fällen bekommt man einen Dachs jedoch nur nachts zu Gesicht, und das auch nur, wenn er beim Überqueren einer Straße zufällig von den Scheinwerfern eines Autos angestrahlt wird.

Im Alpenraum gibt es einige der tiefsten Höhlen der Welt; Grönland, die größte Insel der Welt, hat einen der längsten Gletscher, und in Norwegen, Island, der Schweiz und vielen anderen Ländern gibt es beeindruckende Wasserfälle, aktive Vulkane und gewaltige Bergketten.

Warum müssen so viele Lemminge sterben?

Es gibt viele Geschichten über Lemminge, die zu tausenden ans Meer wandern und sich ertränken. Lemminge begehen jedoch niemals absichtlich Selbstmord, denn für ihre gefahrvollen Wanderungen haben sie gute Gründe.

Alle drei oder vier Jahre vermehren sich die Lemminge besonders stark. Wenn dann der Platz nicht mehr für alle ausreicht, kommt es zu Kämpfen, bis sich ein Teil der Lemminge aufmacht und die Gegend verlässt. Sobald sie aufgebrochen sind, kann sie nichts mehr aufhalten – sie sind davon besessen, eine neue Heimat zu finden. Auf diesen Wanderungen sterben viele Lemminge vor Erschöpfung und vor Hunger oder werden von Raubtieren gefressen. Andere ertrinken bei dem Versuch, breite oder gefährliche Flüsse zu durchschwimmen oder das Meer zu durchqueren, von dem sie nicht wissen, wie riesig es ist.

Waldkauz

Waldkäuze sind recht bekannt, weil sie oft in Dörfern und Städten leben. Sie gehen zwar nur nachts auf die Jagd, verraten ihre Anwesenheit aber meist durch ihre Rufe. Sie haben große Augen, damit sie im Dunkeln sehen können, und feine Ohren, um das nächtliche Rascheln ihrer Beutetiere zu hören.

SCHON GEWUSST?

Eine Zwergfledermaus, die kaum größer ist als eine Maus, kann in einer einzigen Nacht bis zu 3 500 Insekten fressen.

Wenn eine Ringelnatter bedroht wird, stellt sie sich tot, indem sie das Maul weit öffnet und die Zunge heraushängen lässt.

Eine Gruppe von Krähen bezeichnet man als Schwarm.

Die jungen Raupen der Schwalbenschwanz-Schmetterlinge sind gut vor ihren Feinden geschützt, weil sie aussehen wie Vogelkot.

Das schnellste Tier der Welt ist der Wanderfalke, der auf seinen Jagdflügen Geschwindigkeiten von bis zu 320 Stundenkilometern erreicht.

In nur wenigen Stunden kann ein Blutegel eine Blutmenge aufnehmen, die dem Fünffachen seines eigenen Gewichts entspricht. Die Verdauung des Blutes dauert mehrere Monate. Oft spürt man es nicht, wenn sich ein Egel auf dem Arm oder dem Bein festsetzt, weil er die Einstichstelle vorher betäubt.

Eine Gänseschar in der Luft bezeichnet man als Keil. Gänse fliegen oft in der für sie typischen Keilformation.

Ein Leben in der Luft

Mauersegler verbringen die meiste Zeit ihres Lebens in der Luft. Von dem Tag, an dem sie das Nest verließen, bis zu dem Tag, an dem sie selbst beginnen, ein Nest zu bauen, fliegen sie fast ununterbrochen. Wenn sie zum ersten Mal landen, sind sie drei Jahre in der Luft gewesen und haben über eine halbe Million Kilometer zurückgelegt.

Mauersegler fressen und schlafen in der Luft. Mit ihren langen Flügeln können sie stundenlang gleiten. Manchmal bringen sie auf der Jagd nach Insekten an einem Tag mehrere hundert Kilometer hinter sich.

Mauersegler gehören zu den schnellsten Vögeln.

Den Rekord hält ein naher Verwandter, der Stachelschwanzsegler, der Geschwindigkeiten von bis zu 335 Stundenkilometern erreicht.

Zwergmaus

Wenn die Zwergmaus auf hohen Gräsern und anderen Pflanzen herumturnt, ähnelt sie einem winzigen Äffchen. Sie kann ausgezeichnet klettern und hat sogar einen Greifschwanz wie ein Affe, der ihr ganzes Gewicht tragen kann. Die Maus ringelt ihren Schwanz um Pflanzenstängel, um beim Klettern nicht abzustürzen.

SÜDLICHES EUROPA

Verglichen mit anderen Regionen der Erde, wie zum Beispiel Nordamerika oder Afrika, ist Südeuropa ziemlich klein. Es besteht nur aus 13 Staaten. Einer dieser Staaten, der Vatikanstaat, ist der kleinste der Welt. Er liegt mitten in Rom und ist nur 44 Hektar groß. Von einem anderen Land, der Türkei gehört nur ein kleines Gebiet im äußersten Westen zu Europa, der größte Teil der Türkei liegt in Asien.

Die meisten Länder Südeuropas grenzen ans Mittelmeer. Ihre Küsten sind unregelmäßig und bilden zum Teil merkwürdige Formen. Italien zum Beispiel hat die Form eines Stiefels. Zu Südeuropa gehören auch viele Inseln, zum Beispiel Malta, Korfu, Mallorca, Korsika und Kreta.

Pardelluchs

Pardelluchse sieht man nur selten. Sie gehen erst in der Dämmerung in Wäldern und Buschland auf die Jagd und sind sehr vorsichtig. Sie können ausgezeichnet sehen und hören. Wenn ihnen Gefahr droht, schlüpfen sie in das nächste Versteck und kommen erst wieder heraus, wenn sie sich sicher fühlen.

Flamingo

Bei der Nahrungssuche halten Flamingos den Schnabel „verkehrt herum“ – mit der Oberseite nach unten – ins Wasser. Sie saugen Wasser in ihre Schnäbel und filtern dann die kleinen Pflanzen und Tiere als Nahrung heraus.

Gibt es in Europa Affen?

Die meisten Affen leben in Südamerika, Afrika und Asien. Es gibt aber eine berühmte Affenkolonie, die auf dem Felsen von Gibraltar in Südeuropa lebt.

Niemand weiß genau, wie diese intelligenten und anpassungsfähigen Kleinaffen nach Gibraltar gekommen sind. Wahrscheinlich wurden sie von den Römern aus Nordafrika mitgebracht.

Heute leben dort in zwei Gruppen ungefähr 60 Magots oder Berberaffen. Sie führen ein völlig freies Leben und sind meist auf der Suche nach Wurzeln und Beeren. Allerdings werden sie auch von den dort stationierten englischen Truppen gefüttert, damit sie aufhören sich Futter von den Menschen zu klauen!

Schermaus

Schermäuse leben an den bewachsenen Ufern von Flüssen, Teichen und Kanälen. Die etwa rattengroßen, dunklen Tiere fressen hauptsächlich Gräser und Wurzeln. Es ist schwierig, eine Schermaus zu Gesicht zu bekommen, man hört oft nur das leise Platschen, wenn sie sich ins Wasser fallen lässt.

Iberiensteinbock

Der Iberiensteinbock ist eine Wildziegenart. Diese sehr seltenen Tiere leben zwischen den felsigen, steilen Klippen in einigen der unwegsamsten Gebirgslandschaften Spaniens. Man bekommt sie nur selten zu Gesicht, weil sie erst am späten Nachmittag und in mondhellen Nächten aktiv werden. Wie andere Bergziegen können auch die Iberiensteinböcke ausgezeichnet springen und klettern.

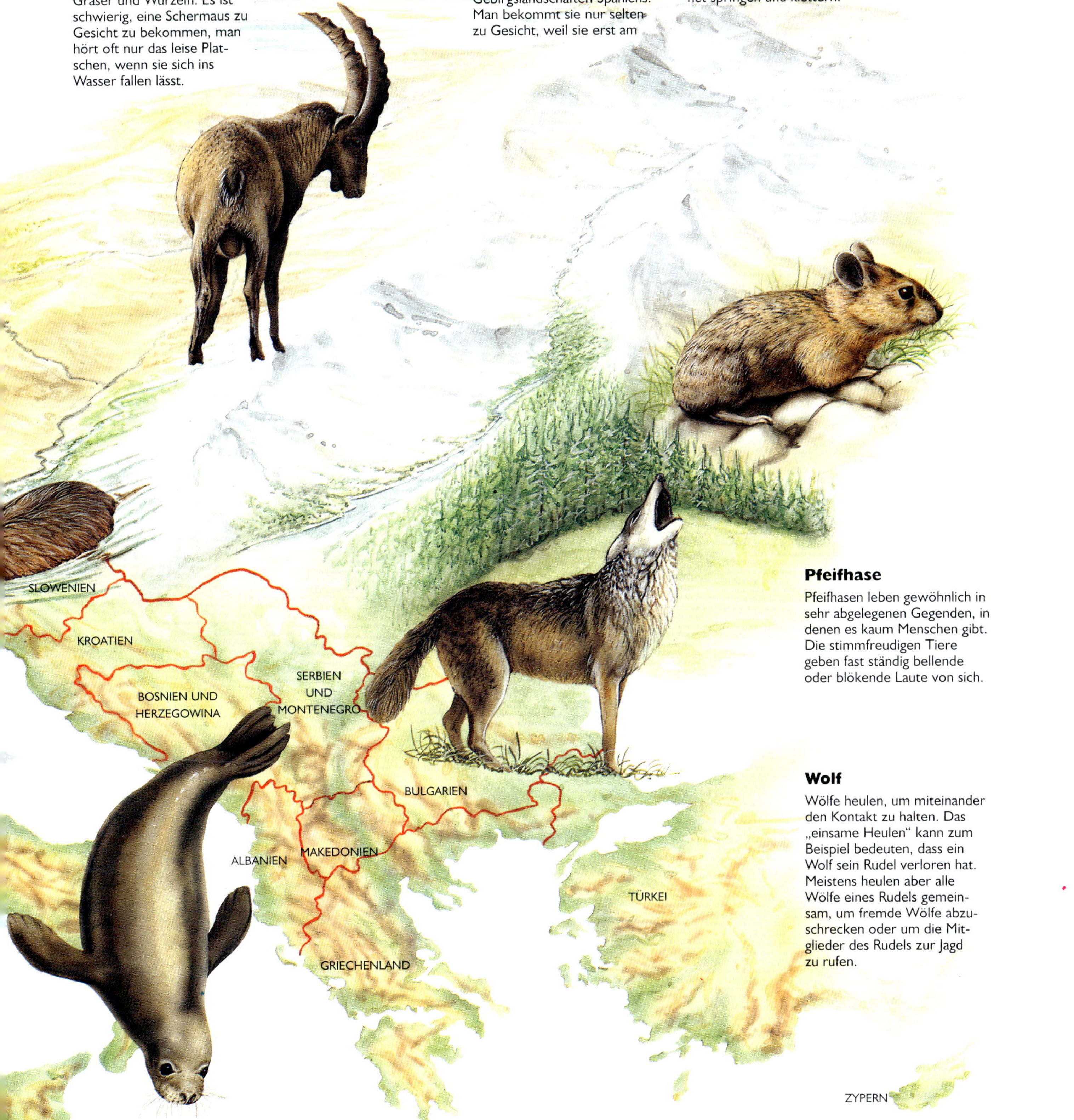

Pfeifhase

Pfeifhasen leben gewöhnlich in sehr abgelegenen Gegenden, in denen es kaum Menschen gibt. Die stimmfreudigen Tiere geben fast ständig bellende oder blökende Laute von sich.

Wolf

Wölfe heulen, um miteinander den Kontakt zu halten. Das „einsame Heulen" kann zum Beispiel bedeuten, dass ein Wolf sein Rudel verloren hat. Meistens heulen aber alle Wölfe eines Rudels gemeinsam, um fremde Wölfe abzuschrecken oder um die Mitglieder des Rudels zur Jagd zu rufen.

Braunbär

Braunbären gibt es in vielen verschiedenen Größen. In Südeuropa leben die kleinsten von ihnen; ihre nordamerikanischen Verwandten können bis zu viermal so groß werden. Die großen Rassen erlegen manchmal Tiere von der Größe eines Bisons oder Elchs – und gelegentlich sogar einen Schwarzbären. Doch die kleineren Bären bevorzugen Gräser, Moose, Wurzeln, Beeren, Zwiebeln und kleine Säugetiere. Ihr Bestand ist stark bedroht.

Mittelmeer-Mönchsrobbe

Die Mittelmeer-Mönchsrobbe ist eine der seltensten Robbenarten der Welt. Viele dieser Tiere wurden von Jägern und Fischern getötet und Touristen haben sie aus den küstennahen Gebieten vertrieben. Heute gibt es von diesen Robben nur noch etwa 300 Exemplare.

Das Mittelmeer gehört neben dem Südchinesischen und dem Karibischen Meer zu den größten Binnenmeeren der Welt. In seinem Wasser und in den umliegenden Landschaften leben viele verschiedene Tierarten. Zu den Arten, die in Südeuropa vorkommen, gehören Mönchsrobben und die Unechten Karettschildkröten im Wasser und Pardelluchse, Ginsterkatzen und Bartgeier auf dem Land.

Tierwanderungen

Grauwale, Lachse, Heuschrecken, Weißschwanzgnus, Lemminge, Monarchfalter und viele andere Tiere unternehmen in regelmäßigen Zeitabständen weite Wanderungen. Sie tun dies, um Nahrung oder Wasser zu finden, um sich fortzupflanzen, um sich vor schlechtem Wetter zu schützen oder auch, weil ihre ursprünglichen Standorte überbevölkert sind.

Die Vögel sind wohl die bekanntesten unter den wandernden Tieren. Ungefähr die Hälfte aller Vögel auf der Welt sind Zugvögel, die jedes Frühjahr und jeden Herbst tausende von Kilometern zurücklegen und sich dabei nach den Sternen oder am Verlauf von Küsten oder Flüssen orientieren. Die meisten von ihnen fliegen in Höhen von bis zu 2000 Metern, es wurden aber auch schon Gänse beobachtet, die den Himalaja in einer Höhe von 9500 Metern überflogen.

Einige hundert Vogelarten fliegen auf ihren jährlichen Wanderungen über Europa hinweg. Es gibt einige Orte in Südeuropa, wie zum Beispiel Istanbul und Gibraltar, an denen man riesige Schwärme von Vögeln, darunter Störche, Bussarde, Adler, Weihen und Falken, auf ihren Reisen zwischen Afrika und Europa beobachten kann.

Ginsterkatze

Ginsterkatzen gehen nachts auf die Jagd und verschlafen den Tag zusammengerollt in einem hohlen Baumstamm, unter einem Strauch oder in hohem Gras. Ihr geflecktes Fell ist eine gute Tarnung, denn es hebt sich kaum von der Umgebung ab.

Grauwal

bis zu 40 000 km im Jahr zwischen Mexiko und Sibirien oder Alaska

Wildschwein

Das Wildschwein ist der in den Wäldern lebende Vorfahr des Hausschweins. Erst in der Dämmerung oder zur Nachtzeit geht es auf Nahrungssuche und ist darum tagsüber nicht zu sehen. Es ruht, versteckt im tiefsten Dickicht, auf seinem Lager. Wie alle anderen Schweine suhlen sich auch Wildschweine gern im Schlamm.

Die Tier- und Pflanzenwelt des Mittelmeerraums ist heute nicht mehr so vielfältig, wie sie es früher einmal war. Als sich die ersten Menschen dort ansiedelten und die großen alten Kulturen entstanden, gab es üppige Wälder, ungestörte Küstengebiete und sauberes Meerwasser. Die Wälder sind heute abgeholzt, an den Küsten erheben sich zahllose Hotels und Ferienanlagen über hunderte von Kilometern, und das Meer ist von Ölrückständen und Abwässern verschmutzt.

Der Turmfalke nistet gern an hoch gelegenen Plätzen, an Felswänden und auf Bäumen. Ebenso gern aber baut er sein Nest auch mitten in den Städten, an Kirchtürmen, auf Fenstersimsen oder an alten Gemäuern.

Zurückgelegte Entfernungen

Weißstorch
bis zu 20 000 km im Jahr zwischen Europa und Südafrika

Monarchfalter
bis zu 6 000 km im Jahr zwischen Kalifornien und Kanada

Küstenseeschwalbe
bis zu 40 000 km im Jahr zwischen Arktis und Antarktis

Gewandte Bergsteiger

Gämsen sind geschickte, lebhafte und anmutige Tiere, die einen ausgeprägten Gleichgewichtssinn haben und atemberaubende Sprünge machen. Eine Gämse hat nur ungefähr die Größe einer Ziege, kann aber bis zu vier Meter hoch und sechs Meter weit springen.

Gämsen leben in den Gebirgen Mittel- und Südeuropas. Sie sind trittsicherer und geschickter als jeder Bergsteiger, und es gibt nur wenige Plätze, die sie nicht kletternd und springend erreichen können.

Junge Gämsen lernen das Klettern und Springen schon sehr früh. Nach den ersten Übungssprüngen auf die Rücken ihrer Mütter können sie schon bald der Herde folgen, wo immer sie auch hinzieht.

Trotz der Zerstörungen durch den Menschen gibt es in Südeuropa noch einige auf der Welt einzigartige Naturlandschaften. Dazu gehören zum Beispiel berühmte Vulkane wie der Vesuv bei Neapel und der Ätna auf Sizilien, Naturschutzgebiete wie die Doñana in Spanien und die Camargue in Frankreich, großartige Wasserfälle wie bei den Plitvicer Seen in Kroatien und grandiose Gebirgsketten wie die Pyrenäen und die Alpen.

Das klappernde Geräusch des Frühlings

In vielen Teilen Europas ist ein lautes, klapperndes Geräusch das erste Anzeichen für den Beginn des Frühlings. Dieses Geräusch kommt von den aus Afrika zurückkehrenden Weißstörchen. Wenn sie sich von warmen Aufwinden über Dörfer und Städte hinwegtreiben lassen, klappern sie so heftig mit ihren leuchtend roten Schnäbeln, dass sie schon zu hören sind bevor man sie sehen kann.

Weißstörche nisten auf Schornsteinen und Dächern. Sie bauen ihre Nester Jahr für Jahr immer an derselben Stelle. In vielen Orten befestigen die Menschen Wagenräder und andere Gegenstände auf dem Dach, damit die Störche eine geeignete Unterlage zum Brüten haben. Störche verbrauchen derart viel Nistmaterial, dass Spatzen oft die Storchennester mitbenutzen. In einem einzigen Storchennest kann sich ein Dutzend oder mehr dieser Untermieter einfinden.

Obwohl Weißstörche in Europa schon seit langem geschützt sind, verringert sich ihre Zahl zusehends. In vielen Ländern, wie zum Beispiel Dänemark oder den Niederlanden, gibt es nur noch ein paar Dutzend.

Goldhamster

Syrische Goldhamster sind beliebte Haustiere, die aber auch in der freien Natur vorkommen. In vielen Teilen Südeuropas und Asiens leben sie an Flussufern, in Feldern, Wüsten, selbst auf Bergen. Sie haben gewaltige Backentaschen, in denen sie Nahrung wie zum Beispiel Samen, Schösslinge und Wurzeln transportieren können.

Aasfresser

Viele Tiere jagen nicht selbst, sondern ernähren sich von Tieren, die von anderen erlegt wurden oder auf andere Weise den Tod fanden. Diese Tiere, zu denen zum Beispiel die Geier gehören, bezeichnet man als Aasfresser.

Wenn ein kreisender Geier ein totes Tier entdeckt, lässt er sich auf einem Baum nieder und fliegt dann auf den Boden. Alle anderen Geier, die ihn auf diese Weise landen sehen,

kommen sofort herbei und schon nach kurzer Zeit sind alle Geier aus dem Umkreis von mehreren Kilometern zur Stelle. Die größten Vögel dürfen zuerst fressen; sie reißen das tote Tier auf, während die kleineren warten müssen, bis sie an der Reihe sind. Während des Fressens hacken die Geier mit den Schnäbeln auf ihre Konkurrenten ein.

Fliegende Geier bieten einen majestätischen Anblick. Auf dem Boden dagegen – vor allem, wenn sie nach dem Fressen mit getrocknetem Blut bedeckt sind – sind sie ziemlich hässlich.

Der Mönchsgeier ist der größte Geier und einer der hässlichsten Vögel Südeuropas.

Iltis

Iltisse verbringen viel Zeit damit, auf dem Boden nach Nahrung zu schnuppern. Sie werden erst nachts munter und benutzen ihren Geruchssinn, der ebenso wie ihr Hörvermögen hervorragend ist, zur Suche nach Kaninchen, Mäusen, Igeln, Vögeln, Fröschen, Echsen und anderen Tieren. Iltisse gibt es in vielen Teilen Europas. Sie sind eng mit den Frettchen, Wieseln und Nerzen verwandt.

Die Eiablage der Karettschildkröten

Karettschildkröten verbringen den größten Teil ihres Lebens im Meer. Einmal im Jahr wandern die Tiere jedoch hunderte von Kilometern, damit die Weibchen ihre Eier an bestimmten Sandstränden ablegen können. Sie warten immer die Dunkelheit ab, ehe sie sich dem Land nähern, und die ersten von ihnen arbeiten sich erst nach Mitternacht geräuschvoll aufs Land.

Wenn eine weibliche Schildkröte eine passende Stelle gefunden hat, gräbt sie ein tiefes Loch, wobei sie den Sand mit den Hinterflossen wegscharrt. In jedes Nest werden etwa hundert runde weiße Eier gelegt, die die Größe von Tischtennisbällen haben. Die Schildkröten bedecken ihre Gelege sorgfältig mit Sand und sind wieder im Meer, bevor es hell wird. Die jungen Schildkröten, die nach sieben bis acht Wochen ausschlüpfen, sind nur wenige Zentimeter lang. Sie machen sich sofort auf den Weg ins Meer. Viele werden von Fischen gefressen. Nur wenige kommen davon.

SCHON GEWUSST?

Seepferdchen gehören zu den Fischen. Sie können nicht besonders gut schwimmen und müssen sich mit den Schwänzen an Wasserpflanzen anklammern, um nicht von der Strömung fortgetrieben zu werden.

Die Gottesanbeterin ist ein Insekt, von dem andere Insekten sich fernhalten. Sie versteckt sich im dichten Laub. Wenn ein Insekt in ihre Nähe kommt, streckt sie blitzschnell ihre Fangarme mit den nadelspitzen Enden aus, packt es und frisst es langsam auf.

Wiedehopfe sind besonders hübsche Vögel, deren Nester allerdings einen üblen Geruch verströmen. Sie geben auffällige und weit hörbare Rufe von sich, die etwa wie „upupupup“ klingen.

Bienenfresser sind bunte Vögel, die nach ihrer Vorliebe für Bienen benannt sind. Um nicht gestochen zu werden, schlagen sie ihre Beute mehrmals auf eine harte Unterlage und quetschen dann das Gift heraus, indem sie das Hinterteil der Biene gegen einen Ast drücken.

NORDAMERIKA

Grizzlybär

Ein Grizzly, der sich bedroht fühlt, kann sehr gefährlich werden. Kommt man ihm zu nahe, greift dieser Bär auch Menschen an. Er kämpft mit starken Zähnen und Krallen oder umklammert seine Opfer.

Vielfraß

Der Vielfraß sieht aus wie eine Kreuzung zwischen einem haarigen Wiesel, einem Hund und einem Bären, und er ist ein furchtloses und kräftiges Tier. Er kämpft sogar gegen Tiere, die wesentlich größer sind als er selbst, und wurde schon dabei beobachtet, wie er Grizzlybären, Pumas und Wölfe von seiner Beute verjagt hat.

Elfenkauz

Manchmal kann man aus dem Innern der großen Säulenkakteen in den nordamerikanischen Wüsten merkwürdige gackernde Laute vernehmen. Sie werden von Elfenkäuzen hervorgebracht, die nicht größer sind als Sperlinge und damit zu den kleinsten Eulen der Welt gehören.

Kalifornischer Seelöwe

Kalifornische Seelöwen sind bekannt dafür, dass sie Bälle auf der Nase balancieren, mit den Flossen klatschen und Zirkustrompeten blasen. Aber auch in der Natur spielen diese Tiere gern. Oft springen sie aus dem Wasser und tauchen dann mit einem Kopfsprung wieder hinein.

Skunk

Skunks oder „Stinktiere“ sind berüchtigt für ihren fürchterlichen Geruch. Wenn sich ein Skunk bedroht fühlt, stellt er seinen Schwanz auf und klopft mit den Vorderpfoten auf den Boden. Wenn der Feind dann nicht abzieht, spritzt der Skunk ihm eine ölige, gelbe Flüssigkeit direkt ins Gesicht. Das getroffene Opfer muss den üblen Geruch lange mit sich herumtragen.

Präriehund

Präriehunde sind keine Hunde, sondern Erdhörnchen, die in riesigen „Städten“ in den Prärien Nordamerikas anzutreffen sind. Oft leben tausende zusammen in einer Stadt mit unterirdischen Bauen, die aussehen, als wären sie von Riesenmaulwürfen gegraben worden.

Nächtliche Störenfriede

In einigen Städten und Dörfern Nordamerikas stellen sich jede Nacht maskierte Räuber ein, die Mülltonnen umwerfen und ausräumen. Diese Störenfriede, die nur etwas größer sind als eine Hauskatze, sind Waschbären. Die schwarze Maske über den Augen und der buschige geringelte Schwanz machen diese Tiere unverwechselbar.

Waschbären fressen fast alles. Besonders gern nehmen sie Mäuse, Insekten, Früchte, Körner, Nüsse, Beeren, Frösche und Krabben, aber auch Essensreste. Es stört sie nicht, in der Nähe von Menschen zu leben. Sie sind sogar so dreist, dass sie Passanten am Straßenrand um Futter anbetteln.

Erdkuckuck

In den Wüsten im Süden der Vereinigten Staaten und im Norden Mexikos gibt es einen merkwürdigen Vogel, der viel Zeit damit verbringt, zwischen den Kakteen herumzurennen. Beim Rennen gibt der Erdkuckuck girrende Laute von sich und erreicht Geschwindigkeiten von bis zu 25 Stundenkilometern – er ist also schneller als ein laufender Mensch. Er kann zwar fliegen, indem er aus dem vollen Lauf in die Luft springt, zieht es aber vor, am Boden zu bleiben.

Elch

Elche sind die größten Hirsche der Welt. Sie bewegen sich vorsichtig und leise durch die Wälder und versuchen möglichst ungesehen zu bleiben. Wenn sie auf einen Jäger treffen und keine Möglichkeit zur Flucht sehen, bleiben sie unbeweglich stehen, in der Hoffnung, nicht entdeckt zu werden.

Weißkopf-Seeadler

Der Weißkopf-Seeadler, der hauptsächlich Fische frisst und an Flüssen und Seen lebt, ist das Wappentier der Vereinigten Staaten. Weißkopf-Seeadler haben ein besonders auffälliges Paarungsvorspiel. Ein Männchen und ein Weibchen verhaken in der Luft ihre Krallen ineinander und fliegen dann zusammen einen Salto nach dem anderen.

Vor langer Zeit waren alle Kontinente der Erde zu einer einzigen riesigen Landmasse zusammengefügt. Vor etwa 100 Millionen Jahren begann diese Landmasse, die den Namen Pangäa erhielt, auseinander zu brechen. Heute trennt der Atlantik Amerika von Europa und Afrika. Und noch immer driften die Kontinente weiter auseinander.

In den Geschichtsbüchern steht, dass Christoph Kolumbus Nordamerika 1492 als erster „entdeckte“. Menschen lebten dort jedoch schon seit tausenden von Jahren. Die ersten Vorfahren der Indianer kamen wahrscheinlich vor etwa

Fortsetzung auf der nächsten Seite

Streifenbacken-hörnchen

Streifenbackenhörnchen verbringen den größten Teil ihres Lebens mit Schlafen, Fressen und der Nahrungssuche. In ihren Backentaschen haben mehrere Eicheln Platz, die oft unter Steinen oder Baumstämmen oder auch im Bau versteckt werden. Wenn es kalt wird, ziehen sich die Streifenbackenhörnchen in ihre unterirdischen Baue zurück. Manchmal verbringen sie bis zu sieben Monate im Winterschlaf.

Fortsetzung von Seite 21

40 000 Jahren über eine Landbrücke, die dort lag, wo heute die Beringstraße Alaska von Russland trennt.

Um 1790 lebten in Nordamerika, zu dem Kanada und die Vereinigten Staaten gehören, ungefähr vier Millionen Menschen. Heute haben die Vereinigten Staaten 281 Millionen Einwohner und Kanada 32 Millionen.

Nordamerika ist so groß, dass es in über 60 Staaten und Regionen unterteilt werden konnte. Viele dieser Staaten, darunter Texas, Montana, Alaska, Kalifornien, Ontario und Neufundland, sind größer als manche europäischen Länder.

In Nordamerika gibt es extreme klimatische Gegensätze. Im kanadischen Nordwest-Territorium, dicht am Polarkreis, wurden Temperaturen von bis zu minus 60° C gemessen, während das Thermometer im Death Valley in Kalifornien auf bis zu 60° C steigen kann.

Grauwal

Zweimal im Jahr schwimmen die Grauwale an der ganzen Westküste Nordamerikas entlang. Die Strecke, die sie dabei zwischen dem Nordpolarmeer oder Alaska und Mexiko zurücklegen, ist mehr als 20 000 Kilometer lang. Die Wale müssen diese lange Reise machen, weil sie nur in den arktischen Gewässern genügend Nahrung finden, die Jungen aber in wärmerem, seichterem Wasser geboren werden müssen.

Schreieule

Schreieulen sind ziemlich klein; sie haben nur etwa die Größe von Staren. Wenn sie sich jedoch bedroht fühlen, verteidigen sie sich und ihre Nester mit großer Entschlossenheit. Sie greifen selbst Tiere an, die wesentlich größer sind als sie selbst.

Ein stacheliger Bursche

Mit Ausnahme des Gesichts und der Bauchseite ist der ganze Körper des Stachelschweins mit nadelspitzen Stacheln besetzt. Normalerweise liegen die Stacheln flach am Körper an. Wenn Gefahr droht, stellt das Stachelschwein sie jedoch auf und rasselt mit ihnen. Dazu klappert es mit den Zähnen und knurrt und faucht, und dieser Anblick reicht meistens schon aus, um Kojoten, Pumas, Marder und andere Feinde in die Flucht zu schlagen.

Dem Stachelschwein wird nachgesagt, es könne seine Stacheln gezielt „abschießen", um damit den Feind zu verletzen. Tatsächlich ist es aber so, dass das Tier rückwärts auf den Feind zuläuft, wobei

Gibt es Meerjungfrauen?

In den vergangenen Jahrhunderten gab es immer wieder Seeleute, die Meerjungfrauen gesehen haben wollten. Diese merkwürdigen Lebewesen sollten Frauen sein, die anstelle von Beinen einen Fischschwanz trugen. Solche Wesen gibt es jedoch nicht. Was die Seeleute in Wirklichkeit sahen, waren Seekühe, die sich von Wasserpflanzen ernähren und in den wärmeren Gegenden Afrikas und Amerikas in Buchten, Flussmündungen, Flüssen und flachen Küstengewässern leben.

Seekühe können ausgezeichnet schwimmen. Sie erreichen Geschwindigkeiten von bis zu 25 Stundenkilometern und können bis zu einer Viertelstunde untergetaucht bleiben. Sie bewegen sich durch Schläge mit der Schwanzflosse voran und laufen manchmal mit den Vorderflossen auf dem Grund.

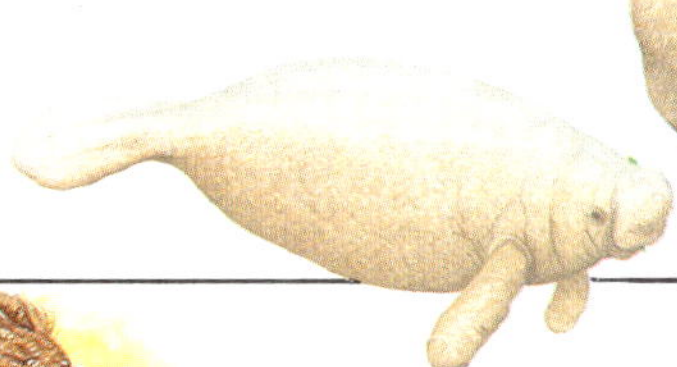

Es gibt zwar viele große Städte in Nordamerika, darunter Toronto, Vancouver, Montreal, New York und Los Angeles, aber auch viele großartige Landschaften. Es gibt hohe Berge, wie den Mount McKinley in Alaska, große Flüsse wie den Mississippi, Wüsten wie die Mojavewüste, gewaltige Wasserfälle wie die Niagara- und die Yosemitefälle und viele große Seen und Wälder.

es ihn natürlich nicht im Auge behalten kann, und ihm dann zufällig Stacheln in die Haut treibt. Dabei brechen meist viele Stacheln ab oder lösen sich und können beim Opfer schwere Verletzungen hervorrufen, obwohl sie nicht giftig sind.

Es gibt viele verschiedene Stachelschweinarten, die fast überall auf der Welt zu finden sind. Die in Nord- und Südamerika lebenden Stachelschweine sind mit den Meerschweinchen verwandt. Sie haben kürzere Stacheln, und eine Art kann sogar auf Bäume klettern. Die in Europa, Afrika und Asien lebenden Arten halten sich ausschließlich auf dem Boden auf.

Die Wandertaube war einmal einer der häufigsten Vögel auf der Erde. Doch innerhalb von nur fünfzig Jahren wurde diese Art von rücksichtslosen Jägern ausgerottet. Die letzte Wandertaube, die Martha genannt wurde, starb am 1. September 1914 im Zoo von Cincinnati in den Vereinigten Staaten.

Sattelrobbe

Sattelrobben pflanzen sich nur an ganz bestimmten Orten fort: im Weißen Meer vor der Küste Russlands und Skandinaviens, in der Grönlandsee nördlich der Insel Jan Mayen und vor der Küste von Neufundland. Die Jungen werden Ende Februar bis Mitte März auf dem Eis geboren.

Das Geheimnis der verschwindenden Pflanzen

In einigen Teilen Nordamerikas kann man manchmal beobachten, wie ganze Pflanzen in der Erde verschwinden. Sie werden von Taschenratten heruntergezogen, die von ihren unterirdischen Bauen aus die Wurzeln angeknabbert haben.

Um jederzeit etwas zu fressen zu haben, betreiben Taschenratten Vorratshaltung. Sie zerteilen die Pflanzen mit ihren vorstehenden Nagezähnen in kleine Stücke, die sie dann mit den Vorderpfoten in ihre behaarten Backentaschen stopfen. In den unterirdischen Vorratskammern werden die Backentaschen dann wieder ausgeleert. Diese Backentaschen gaben den Taschenratten ihren Namen.

Der erste Nationalpark der Welt, der die Aufgabe hatte, ein solches Gebiet zu schützen, wurde vor über 100 Jahren in den Vereinigten Staaten eingerichtet. Inzwischen sind viele Nationalparks hinzugekommen. Naturschutzgebiete wie der Yellowstone-Nationalpark, die Everglades und der Yosemite-Nationalpark sind inzwischen weltberühmt. Sie spielen beim Schutz und der Erhaltung vieler Tier- und Pflanzenarten eine wichtige Rolle.

Klapperschlangen können Erschütterungen des Bodens spüren. Sie besitzen jedoch keinen „Gehörsinn" und können deshalb das Klappern ihres eigenen Schwanzes nicht wahrnehmen.

Das Heulen eines einsamen Wolfes ist über eine Entfernung von bis zu sechzehn Kilometern zu hören. Wölfe heulen hauptsächlich, um den Kontakt zum Rudel nicht zu verlieren, aber oft auch nur zum Vergnügen.

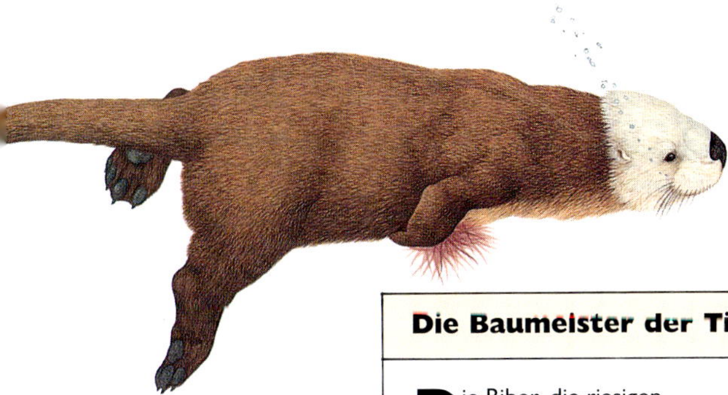

Seeotter

Seeotter sind ausgezeichnete Schwimmer, die oft auf den Meeresgrund tauchen, um Krebse, Muscheln, Fische, Schnecken, Seeigel und andere kleine Meerestiere zu erbeuten. Zum Fressen drehen sie sich auf den Rücken und lassen sich treiben. Dabei benutzen sie ihre Brust als Tisch. Die Nächte verbringen sie in großen Seetangfeldern, damit die Strömung sie im Schlaf nicht davontreibt.

Die Baumeister der Tierwelt

Die Biber, die riesigen Ratten mit flachen Schwänzen und Schwimmhäuten an den Hinterfüßen ähneln, sind stets damit beschäftigt, Dämme, Höhlen und Kanäle zu bauen. All diese Bauwerke, die ausschließlich aus Stöcken und Schlamm hergestellt werden, beweisen, dass die Biber äußerst geschickte Baumeister sind.

Biber leben in selbstgebauten kuppelförmigen Burgen in Flüssen und kleinen Seen. Sie arbeiten fast immer nachts, nur wenn sie viel zu tun haben, beginnen sie schon am späten Nachmittag. Sie fällen Bäume, indem sie die Stämme durchnagen. Wenn der Baum umstürzt, bringen sie sich schnell in Sicherheit, dann zerteilen sie ihn in kurze Abschnitte. Jedes Holzstück wird ins Wasser geschleppt und sorgfältig in die Konstruktion eingefügt.

Pelzlieferanten

Seit Jahrhunderten werden Tiere mit besonders hübschem Fell von Menschen verfolgt und getötet. In Nordamerika sind es vor allem Biber, Otter, Hirsche, Elche, Waschbären, Wölfe und Bären, die wegen ihres Fells getötet wurden und werden. Viele von ihnen wurden so stark bejagt, dass sie heute vom Aussterben bedroht sind; andere wie der Fischmarder sind an vielen Stellen bereits ausgestorben. Jede Bibermütze und jeder Nerzmantel bedeuteten stundenlange Schmerzen und Angst für die in eine Falle geratenen Tiere. Heutzutage gibt es allerdings auch spezielle Pelztierfarmen, in denen die Tiere in Käfigen gehalten und getötet werden, wenn sie so weit herangewachsen sind, dass sie gute Pelze liefern können. Doch viele Menschen empfinden die Pelztierhaltung als grausam. Außerdem werden auf der ganzen Welt nach wie vor Fallen aufgestellt und Tiere wegen ihres Fells getötet, obwohl die meisten der selteneren Arten wie Tiger, Schneeleoparden und Pandabären durch Gesetze geschützt sind. Immer wieder verstoßen Wilderer gegen diese Gesetze und verkaufen die Felle der geschützten Tierarten auf dem Schwarzen Markt.

Die schwarze Augenmaske macht den Waschbären unverwechselbar.

SCHON GEWUSST?

Die meisten Texas-Höhlensalamander sehen nie Tageslicht. Sie leben nur in tiefen Schächten und unterirdischen Flüssen in einigen Höhlen in Texas.

Der hübsche Monarchfalter ist das einzige Insekt, das zweimal im Jahr auf eine lange Wanderung geht. Monarchfalter verbringen die Wintermonate in Kalifornien und Florida; aber die Vermehrung findet 3 000 Kilometer weiter nördlich statt.

Flughörnchen haben behaarte „Flügel" zwischen den Vorder- und Hinterbeinen, mit deren Hilfe sie bei der Suche nach Früchten und Nüssen von einer Baumkrone zur anderen gleiten können.

Die übergroßen Ohren der Eselhasen helfen ihnen, mögliche Gefahren schon frühzeitig zu entdecken. Außerdem dienen sie zum Regulieren der Körpertemperatur. Wenn es einem Eselhasen zu warm wird, richtet er die Ohren auf und lässt sie vom Wind kühlen.

Die Seitenwinder-Klapperschlange bewegt sich seitwärts und ist dabei so schnell, dass es aussieht, als läge sie auf einem fliegenden Teppich. Sie erreicht Geschwindigkeiten von bis zu vier Stundenkilometern.

MITTEL- UND SÜDAMERIKA

Jaguar

Jaguare sind ausgezeichnete Schwimmer und halten sich gern in der Nähe von Flüssen und Seen auf. Sie ernähren sich von Wildschweinen, Tapiren und anderen großen Tieren, fressen aber manchmal auch Fische. Man hat beobachtet, wie Jaguare mit ihrer Schwanzspitze leicht auf die Wasseroberfläche tippten, um neugierige Fische anzulocken, die sie dann mit einer schnellen Pfotenbewegung packten.

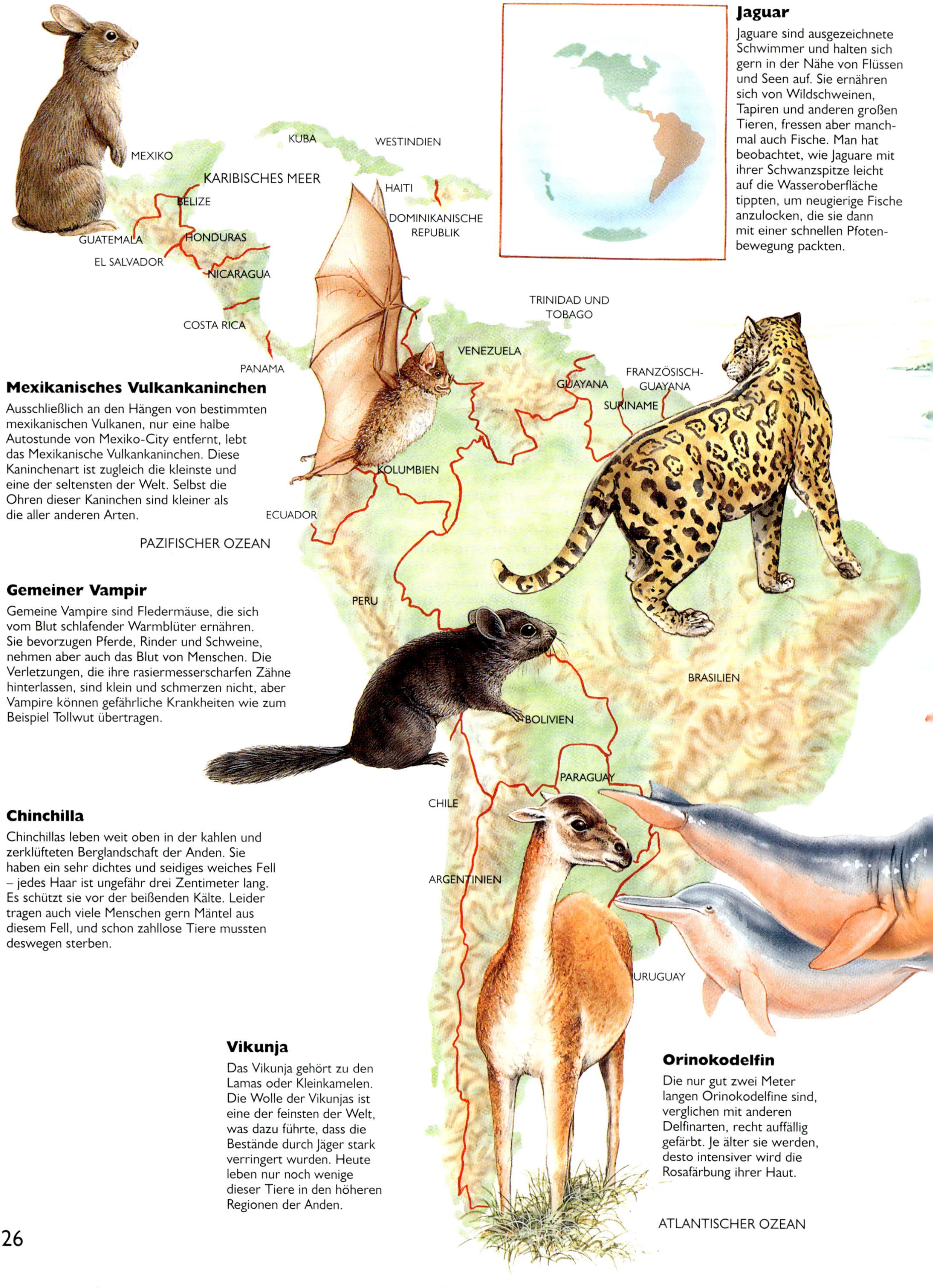

Mexikanisches Vulkankaninchen

Ausschließlich an den Hängen von bestimmten mexikanischen Vulkanen, nur eine halbe Autostunde von Mexiko-City entfernt, lebt das Mexikanische Vulkankaninchen. Diese Kaninchenart ist zugleich die kleinste und eine der seltensten der Welt. Selbst die Ohren dieser Kaninchen sind kleiner als die aller anderen Arten.

Gemeiner Vampir

Gemeine Vampire sind Fledermäuse, die sich vom Blut schlafender Warmblüter ernähren. Sie bevorzugen Pferde, Rinder und Schweine, nehmen aber auch das Blut von Menschen. Die Verletzungen, die ihre rasiermesserscharfen Zähne hinterlassen, sind klein und schmerzen nicht, aber Vampire können gefährliche Krankheiten wie zum Beispiel Tollwut übertragen.

Chinchilla

Chinchillas leben weit oben in der kahlen und zerklüfteten Berglandschaft der Anden. Sie haben ein sehr dichtes und seidiges weiches Fell – jedes Haar ist ungefähr drei Zentimeter lang. Es schützt sie vor der beißenden Kälte. Leider tragen auch viele Menschen gern Mäntel aus diesem Fell, und schon zahllose Tiere mussten deswegen sterben.

Vikunja

Das Vikunja gehört zu den Lamas oder Kleinkamelen. Die Wolle der Vikunjas ist eine der feinsten der Welt, was dazu führte, dass die Bestände durch Jäger stark verringert wurden. Heute leben nur noch wenige dieser Tiere in den höheren Regionen der Anden.

Orinokodelfin

Die nur gut zwei Meter langen Orinokodelfine sind, verglichen mit anderen Delfinarten, recht auffällig gefärbt. Je älter sie werden, desto intensiver wird die Rosafärbung ihrer Haut.

Anden-Kondor

Wie die meisten aasfressenden Vögel macht auch der Kondor auf dem Boden einen hässlichen Eindruck. Sein Flug dagegen ist wunderschön und anmutig anzusehen; er kann stundenlang mühelos herumsegeln, ohne mit den Flügeln schlagen zu müssen.

Faultier

Faultiere verbringen fast ihr ganzes Leben mit dem Bauch nach oben hängend an Zweigen der hohen Urwaldbäume in Mittel- und Südamerika. Manchmal bleiben sie sogar noch nach ihrem Tod in dieser Haltung. Faultiere sind ungewöhnlich langsame und bewegungsunlustige Tiere, die sich nur im Schneckentempo bewegen und bis zu fünfzehn Stunden am Tag schlafen.

Tukan

Tukane sind berühmt für ihre extrem großen und kräftigen Schnäbel, die meistens auch leuchtend bunt gefärbt sind. Mit diesen gewaltigen Schnäbeln verteidigen sich die Vögel; außerdem ermöglichen sie ihnen, auch weiter entfernt hängende Früchte zu erreichen.

Sturzbachente

Sturzbachenten leben in den reißenden Gebirgsflüssen der Anden. Diese merkwürdigen Vögel verbringen einen Großteil ihres Lebens damit, auf der Suche nach ihrer Lieblingsnahrung – den Larven der Steinfliegen, die zwischen den Wasserpflanzen leben – gegen die Strömung anzukämpfen.

Mittel- und Südamerika bestehen aus über 30 Staaten, von Mexiko im Norden bis Chile im Südwesten. Der größte Teil Mittel- und Südamerikas liegt in den Tropen; es gibt riesige tropische Regenwälder und eine vielfältige Tierwelt. Zu den Tieren dieser Region gehören Lamas, Affen, Jaguare, Wasserschweine, Ameisenbären und Papageien. Anders als in Afrika gibt es in Mittel- und Südamerika keine besonders großen Tiere; eines der größten ist der Tapir, der etwa die Größe eines Ponys erreicht.

Mittel- und Südamerika sind nur durch eine schmale Landbrücke in Panama miteinander verbunden. Vor ungefähr 100 Millionen Jahren bildete Südamerika mit

Fortsetzung auf der nächsten Seite

Klammeraffe

Wanderer im südamerikanischen Regenwald sollten sich nicht wundern, wenn ihnen plötzlich Zweige auf den Kopf fallen. Sie wurden wahrscheinlich von Klammeraffen heruntergeworfen, die sich in den Baumwipfeln verstecken und auf diese Weise versuchen, den Eindringling zu vertreiben. Die Klammeraffen sind jedoch nicht sehr mutig; wenn sie sich bedroht fühlen, flüchten sie und verstecken sich.

Das Leben im Regenwald

Menschen, die zum ersten Mal einen tropischen Regenwald besuchen, sehen selten viele Tiere. Von einer Lichtung aus, zum Beispiel einem Flussbett oder einer Straße, erblickt man meist nur eine völlig undurchsichtige Pflanzenwand.

Hinter dieser Wand aus Pflanzen liegt der dunkle und feuchte Regenwald. Man hört ein paar merkwürdige Geräusche, ein gelegentliches Rascheln in den Blättern oder vielleicht die Rufe einiger weit entfernter Vögel. Zu sehen ist aber kein einziges Tier, sodass man sich kaum vorstellen kann, dass hier überhaupt Tiere leben. Tatsächlich ist der tropische Regenwald aber der reichhaltigste Lebensraum überhaupt, und ungefähr die Hälfte aller bekannten Pflanzen- und Tierarten leben dort. Man bekommt die Tiere kaum zu Gesicht, weil viele von ihnen Nachttiere sind oder weil sie nur selten aus den Baumkronen auf die Erde herabkommen. Andere sind ausgezeichnet getarnt und deshalb im Helldunkel des Waldes kaum zu erkennen. Außerdem sehen oder hören die meisten Tiere den „Eindringling“ zuerst; deshalb empfiehlt es sich oft, sich einige Minuten still hinzusetzen und zu warten, bis sich die Tiere wieder ungestört fühlen und hervorkommen.

Fortsetzung von Seite 27

Afrika eine Einheit; seither sind die beiden Kontinente jedoch langsam, aber stetig immer weiter auseinander gedriftet. Heute liegt ein Ozean von mehreren Kilometern Breite zwischen ihnen, und immer noch bewegen sie sich jährlich etwa vier Zentimeter auseinander.

Die ersten Menschen erschienen in Mittel- und Südamerika vor ungefähr 20 000 Jahren. Im fünfzehnten Jahrhundert, zur Zeit des Christoph Kolumbus, lebten dort etwa zehn Millionen Menschen. Heute gibt es in Mittel- und Südamerika einige der größten Städte der Welt, darunter bekannte Hauptstädte wie Lima und Brasilia.

Es gibt aber auch viele großartige Naturlandschaften. Zwischen dem ewigen Eis und Schnee auf den Berggipfeln und den dampfenden Regenwäldern entlang der Küste liegen riesige Grasflächen, die Llanos, Campos und Pampas genannt werden, Tundren, Wüsten und viele andere Landschaftsformen.

Meerechse

Auf den Felsen der Galápagosinseln, viele Kilometer von der Küste Südamerikas entfernt, kann man tausende von Meerechsen beim Sonnenbaden beobachten. Diese etwa 1,25 Meter langen, völlig harmlosen Echsen liegen dort den ganzen Tag in der Sonne um sich aufzuwärmen. Sie ernähren sich von Seetang und anderen Wasserpflanzen und sind die einzigen Echsen, die im Meer leben.

Gürteltier

Die Körper der Gürteltiere sind mit knöchernen Platten bedeckt, die ihnen Schutz vor Feinden, aber auch vor Dornen und spitzen Ästen bieten. Es gibt über zwanzig verschiedene Arten, vom kleinen Zwerggürteltier, das nur zwölf Zentimeter lang wird, bis zum sechsmal so großen Riesengürteltier. Gürteltiere können ausgezeichnet graben. Manchmal graben sie sich so schnell ein, dass sie buchstäblich im Boden versinken, bevor ihre Feinde überhaupt begreifen, was vor sich geht.

Die Galápagosinseln

Auf der Karte erscheinen die Galápagosinseln als unbedeutende kleine Punkte im Pazifischen Ozean, ungefähr tausend Kilometer vor der Küste von Ecuador. Sie sind jedoch einzigartig und gehören – vom Standpunkt der Naturwissenschaftler aus betrachtet – zu den interessantesten Orten der Welt.

Die Inseln entstanden durch Vulkanausbrüche auf dem Meeresboden und sind erst eine Million Jahre alt. Sie wurden 1535 entdeckt, aber erst dreihundert Jahre später, als Charles Darwin sie zum ersten Mal aufsuchte, erkannte man ihren Wert für die Wissenschaft.

Darwin stellte fest, dass viele der Tiere und Pflanzen auf den Inseln denen des südamerikanischen Festlands ähnelten, sich in gewisser Hinsicht aber deutlich von ihnen unterschieden. Zum Beispiel sind einige von ihnen etwas größer oder kleiner, zeigen eine etwas andere Farbe oder haben andere Ernährungsgewohnheiten. Außerdem stellte Darwin fest, dass einige Tiere, wie zum Beispiel die berühmte Galápagos-Riesenschildkröte, selbst von einer Insel zur anderen unterschiedliche Merkmale aufweisen. Die Beobachtungen ermöglichten es Darwin, seine klassische Theorie über die Entstehung der Arten zu entwickeln.

Andere bekannte Tierarten sind dort zum Beispiel Galápagos-Seelöwen, Darwin-Finken, Meerechsen, Felsenkrabben und Galápagos-Pinguine. Diese Tiere zu beobachten ist sehr aufregend, vor allem, da sie sehr zahm sind und an ihren menschlichen Besuchern fast genauso viel Interesse zeigen wie diese an ihnen.

Die Regenwälder verschwinden

Überall in den tropischen Regenwäldern Mittel- und Südamerikas, von den höchsten Baumkronen bis hinab auf den dunklen Waldboden, leben unzählige Pflanzen und Tiere – leuchtend bunte Vögel, Affen, Schmetterlinge, wunderschöne Katzen und hunderttausende anderer Lebewesen. Doch wie überall auf der Welt werden auch in Südamerika die tropischen Regenwälder abgeholzt oder abgebrannt, um Platz für Felder und Baugrundstücke zu schaffen. Auf der ganzen Welt verschwinden die Regenwälder so schnell, dass bereits über die Hälfte von ihnen verloren gegangen ist. Einige Wissenschaftler sind der Ansicht, dass die Zerstörung dieser großartigen Lebensräume so schnell vor sich geht, dass sie gegen Mitte dieses Jahrhunderts verschwunden sein werden.

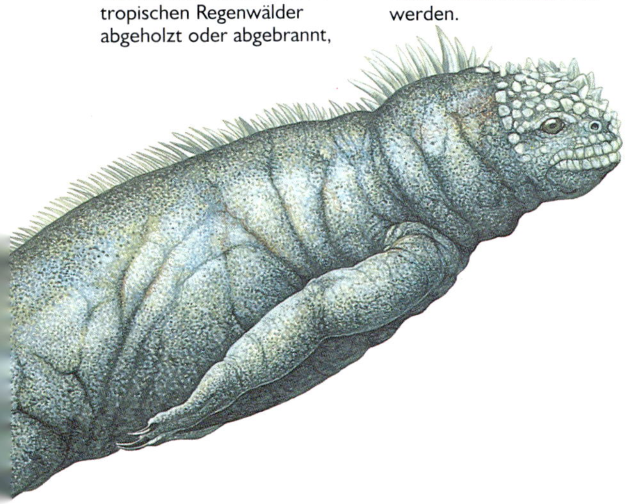

Galápagos-Riesenschildkröten haben einen Panzer von über einem Meter Länge. Seit 1965 bemüht man sich in der Charles Darwin-Forschungsstation auf der Galápagosinsel Santa Cruz darum, die Riesenschildkröte vor dem Aussterben zu bewahren und den Bestand wieder zu vergrößern.

Bedrohte Löwenäffchen

Das Goldgelbe Löwenäffchen ist eine der am auffälligsten gefärbten und zugleich eine der seltensten Affenarten. In den 70er-Jahren gab es wahrscheinlich nicht einmal mehr 300 dieser Tiere, die nur in zwei Waldgebieten in den küstennahen Gebirgen Brasiliens leben.

Der Lebensraum dieser Affen wird durch das Roden des Regenwaldes immer mehr eingeschränkt, außerdem werden auch heute noch viele der Tiere gefangen und als Haustiere oder an Zoos verkauft. Manchmal dienen die Löwenäffchen auch den Eingeborenen als Nahrung.

Nach 30 Jahren andauernder Bemühungen, sie vor dem Aussterben zu bewahren, leben heute wieder mehr als 1000 Goldgelbe Löwenäffchen in einem eigenen Naturschutzgebiet. Einige Äffchen wurden in Zoos nachgezüchtet und in dem Naturreservat in die Freiheit entlassen.

Außer Sichtweite

Hoch über dem Boden, in den Kronen der riesigen Bäume, gibt es eine Vielzahl von Pflanzen und Tieren, die nie den Boden berühren. Vögel, Fledermäuse, Affen, Schlangen, Insekten und viele andere Lebewesen fressen, schlafen und paaren sich in einer Höhe von vierzig oder mehr Metern über dem Boden im Geäst.

Viele dieser Tiere wurden erst vor kurzem entdeckt. Sie konnten so lange unentdeckt bleiben, weil es für Menschen fast unmöglich ist, in ihre Lebensräume vorzudringen. Inzwischen haben jedoch einige Wissenschaftler

Die längste Bergkette der Welt sowie der zweitlängste Fluss sind in Südamerika zu finden. In den Anden gibt es nicht weniger als fünfzig Gipfel über 6 000 Meter Höhe, und der Amazonas ist von der Quelle bis zur Mündung rund 6 500 Kilometer lang.

Ein Riesenmeerschweinchen

Das Capybara, das auch Wasserschwein genannt wird, ist das größte Nagetier der Welt. Es sieht aus wie ein riesiges Meerschweinchen und ist auch eng verwandt mit ihm.

Capybaras leben in Südamerika in der Nähe von Teichen, Seen, Bächen, Flüssen und Sümpfen. Normalerweise schließen sie sich zu Gruppen von zehn bis zwanzig Exemplaren zusammen, die sich während der Trockenzeit ein Wasserloch teilen. Manchmal sind es auch viel mehr Tiere.

Während der heißen Tageszeit waten die Capybaras im Schlamm oder schwimmen, um sich kühl zu halten. Die Schwimmhäute an ihren Füßen machen sie zu ausgezeichneten Schwimmern. Beim Schwimmen ragen nur ihre Augen, Ohren und Nasen über die Wasseroberfläche. Sie können sogar tauchen und dabei bis zu fünf Minuten unter Wasser bleiben.

Obwohl Hellrote Aras normalerweise sehr lärmende Papageien sind, die ständig laute, schroffe Rufe ausstoßen, geben sie während des Fressens keinen Ton von sich.

Kletterpfade zwischen den Bäumen des Regenwaldes angelegt oder sie in Heißluftballons überflogen. Dies sind die einzigen Möglichkeiten, das Leben der Baumbewohner zu studieren.

Die Wissenschaftler müssen allerdings mit Lebewesen konkurrieren, die wirkliche Experten für die Fortbewegung in Baumkronen sind.

Verschiedene Frösche, Echsen und Schlangen zum Beispiel gelangen von einem Baum zum nächsten, indem sie durch die Luft gleiten. Einige Tiere schwingen sich mithilfe ihrer Arme von Ast zu Ast, während andere, wie zum Beispiel einige Affen, Zwergameisenbären, Schuppentiere und sogar eine Stachelschweinart, Greifschwänze haben, mit denen sie sich festhalten.

Wenn sich ein Opossum bedroht fühlt, legt es sich schlaff auf die Seite, lässt die Zunge heraushängen und schließt die Augen oder starrt mit weit geöffneten Augen ins Leere. Es stellt sich auch dann noch tot, wenn es von einem Angreifer herumgestoßen wird. In vielen Fällen wenden sich die Angreifer dann enttäuscht ab und suchen sich eine lebendigere Beute.

SCHON GEWUSST?

Wenn die tropischen Regenwälder weiterhin in demselben Ausmaß abgeholzt werden, wie dies heute geschieht, wird es schon Mitte dieses Jahrhunderts nirgendwo auf der Welt mehr Regenwälder geben. Mit dem Verschwinden dieser Wälder werden auch die Geschöpfe aussterben, die in ihnen leben – und das sind etwa die Hälfte aller Pflanzen- und Tierarten der Welt.

Der Große Ameisenbär hält seine Schnauze beim Gehen stets dicht am Boden, weil er ständig auf der Suche nach Nahrung ist. Große Ameisenbären vertilgen bis zu 30 000 Ameisen und Termiten am Tag.

Der wunderschöne, aber schon sehr seltene Quetzal aus Mittelamerika besitzt bunte Schwanzfedern, die bis zu einen Meter lang werden können. Jedes Jahr nach der Brut fallen diese Federn aus, bis zum nächsten Jahr wachsen neue.

Der kleinste Vogel der Welt ist der Hummelkolibri. Er wiegt ungefähr 100 000-mal weniger als der Strauß, der der größte lebende Vogel ist.

Kolibri

Kolibris schlagen im Flug so schnell mit den Flügeln, dass das menschliche Auge den Bewegungen nicht mehr folgen kann. Etwa achtzig Flügelschläge pro Sekunde ermöglichen es den Kolibris sogar, still in der Luft zu verharren.

AFRIKA

Wüstenspringmaus

Wüstenspringmäuse können Sprünge ausführen, die ihre eigene Höhe um ein Vielfaches übertreffen. Ihre langen Hinterbeine, die viermal so lang sind wie die Vorderbeine, ermöglichen es ihnen, zu springen wie ein winziges Känguru.

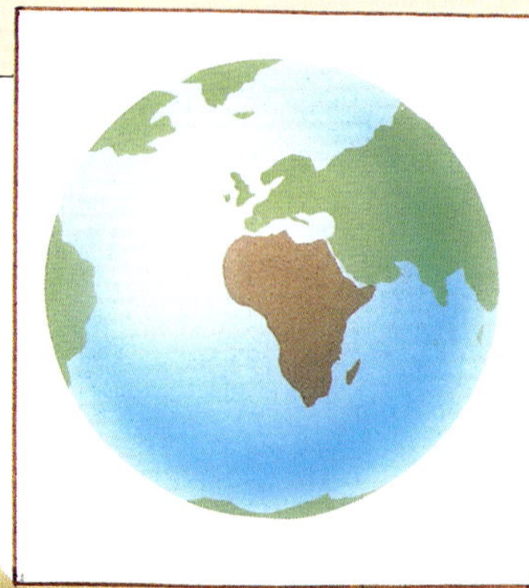

Leopard

Leoparden, deren geflecktes Fell sie ausgezeichnet tarnt, leben in Wäldern, Savannen, Gebirgen und selbst in der Nähe von Dörfern und Städten in vielen Gegenden von Afrika und Asien. Leoparden erlegen Beutetiere bis zur Größe einer Gazelle; sie fressen aber auch Paviane, junge Löwen und Schlangen.

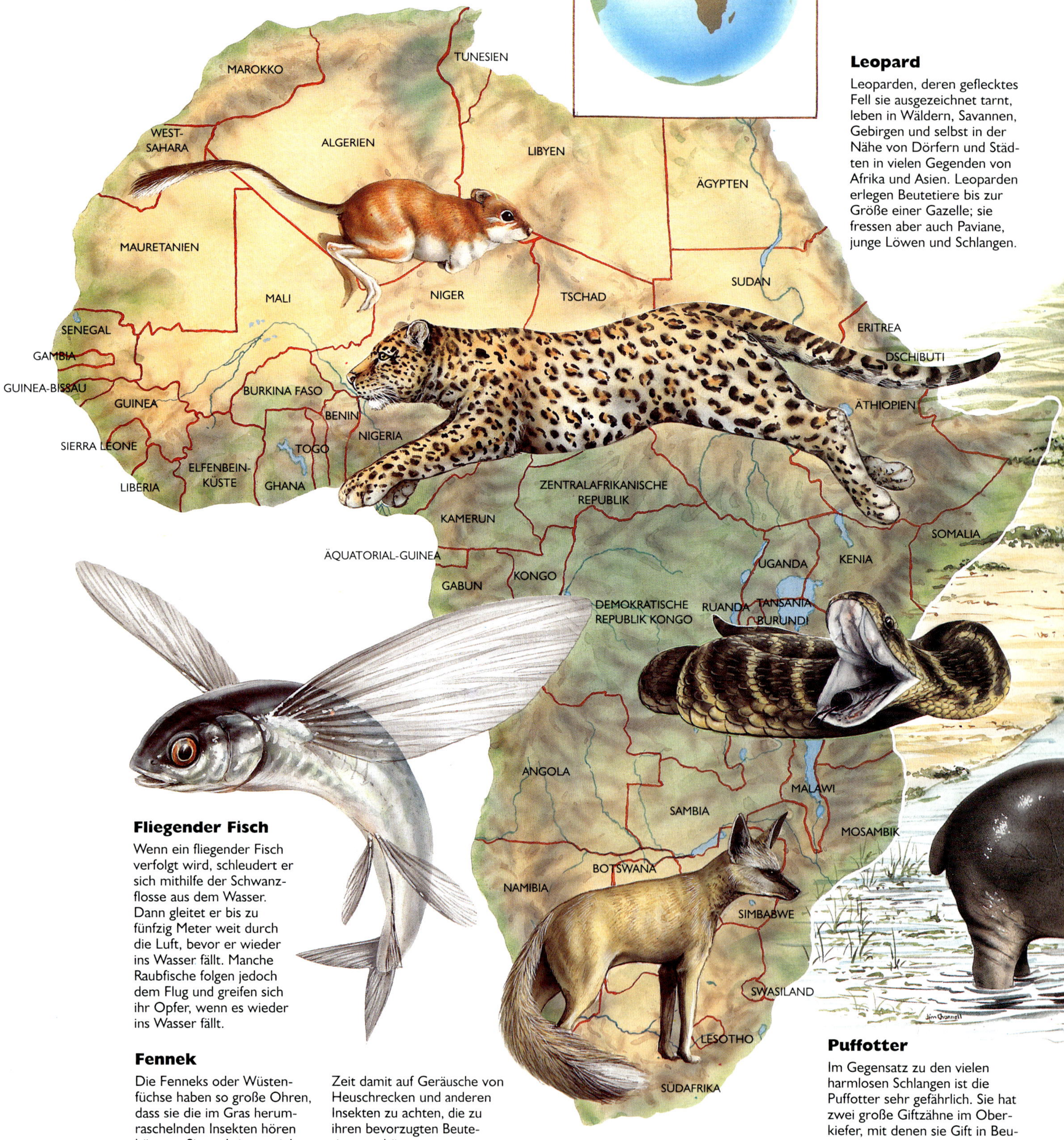

Fliegender Fisch

Wenn ein fliegender Fisch verfolgt wird, schleudert er sich mithilfe der Schwanzflosse aus dem Wasser. Dann gleitet er bis zu fünfzig Meter weit durch die Luft, bevor er wieder ins Wasser fällt. Manche Raubfische folgen jedoch dem Flug und greifen sich ihr Opfer, wenn es wieder ins Wasser fällt.

Fennek

Die Fenneks oder Wüstenfüchse haben so große Ohren, dass sie die im Gras herumraschelnden Insekten hören können. Sie verbringen viel Zeit damit auf Geräusche von Heuschrecken und anderen Insekten zu achten, die zu ihren bevorzugten Beutetieren gehören.

Puffotter

Im Gegensatz zu den vielen harmlosen Schlangen ist die Puffotter sehr gefährlich. Sie hat zwei große Giftzähne im Oberkiefer, mit denen sie Gift in Beutetiere oder Feinde einspritzt.

Geier

In Afrika leben mehrere Geierarten. Auf dem Boden sehen sie meist sehr hässlich aus, aber in der Luft bieten sie einen majestätischen Anblick. Sie können stundenlang gleiten. Geier sind Aasfresser. Manchmal verschlingen sie so viel, dass sie nicht vom Boden hochkommen, bevor sie die Mahlzeit verdaut haben.

Elefant

Die gewaltigen Stoßzähne der Elefanten sind Allzweckwerkzeuge, mit denen auch Feinde bekämpft werden. Sie bestehen aus Elfenbein, das sehr kostbar ist. Das führte dazu, dass hunderttausende von Elefanten von geldgierigen Jägern nur wegen ihrer Stoßzähne abgeschlachtet wurden.

Katta

Kattas sind katzengroße Halbaffen, die an ihrem schwarzweiß geringelten Schwanz zu erkennen sind. Beim Gehen und Rennen halten sie ihn in Form eines Fragezeichens hoch. Der Schwanz wirkt wie eine Flagge – sie zeigt den anderen Mitgliedern der Gruppe an, wo man sich befindet.

Flusspferd

Das Flusspferd ist eines der größten Tiere Afrikas. Es kommt nachts zum Grasen an Land, während es die Tage meistens schlafend oder ruhend im Wasser von Flüssen und Seen verbringt. Die drei bis vier Tonnen schweren Flusspferde bevorzugen relativ seichtes Wasser. Sie müssen darin nicht schwimmen, sondern können auf dem Grund laufen.

Afrika ist der zweitgrößte Kontinent der Welt. Es ist fast dreimal so groß wie Europa und bedeckt ein Fünftel der Landmassen der Erde.

Heute leben in den ungefähr fünfzig Staaten Afrikas schon über 800 Millionen Menschen, und die Bevölkerungszahlen steigen ständig an. Ein Teil dieser Menschen lebt in Städten wie Kairo, Lagos, Nairobi, Lusaka, Harare und Kampala. Viele Menschen leben aber auch in Lehm- oder Schilfhütten in kleinen Dörfern auf dem Land von Rinderhaltung, Ackerbau und Fischfang.

Afrika ist ein sehr schönes Land. Obwohl der größte Teil des Kontinents in den Tropen liegt, gibt es viele verschiedene Landschaftsformen, von heißen Wüsten und dampfenden Regenwäldern bis zu riesigen grasbewachsenen Savannen, subtropischen Wäldern

Fortsetzung auf Seite 35

Ein Wesen von einem anderen Stern?

Im tropischen Regenwald vor der Ostküste Madagaskars leben sehr merkwürdige und selten gewordene Tiere. Sie werden Fingertiere genannt und sehen tatsächlich aus, als kämen sie von einem anderen Stern. Sie haben spitze Zähne wie eine Ratte, einen buschigen Schwanz wie ein Eichhörnchen, einen katzengroßen Körper, große Augen und Ohren und lange, dünne Mittelfinger.

Fingertiere gehören zu den Halbaffen und fressen besonders gern Insektenlarven, die unter der Rinde von Bäumen leben. Um diese Larven zu erbeuten, horchen die Fingertiere an der Rinde. Wenn sie eine Larve hören, beißen sie schnell ein Loch in die Rinde und ziehen die Larve mit dem dünnen, knochigen Mittelfinger heraus.

Gorilla

Gorillas sind die größten Affen. Wenn sie nicht auf Nahrungssuche sind, schlafen sie viel. Junge Gorillas dagegen spielen gern. Sie klettern auf Bäume, ringen miteinander, schaukeln an Ästen und ärgern auch oft die erwachsenen Tiere. Durch diese Spiele bereiten sich die Jungtiere auf ein selbstständiges Leben vor. Sie lernen spielerisch klettern, Nahrung finden und vieles andere.

Fortsetzung von Seite 33

und tropischen Küstenregionen. Außerdem gibt es in Afrika auch einige der schönsten Berge der Welt, darunter den 5 895 Meter hohen Kilimandscharo in Tansania. Ein anderes afrikanisches Naturwunder ist der Nil, ein Fluss, der mit 6 670 Kilometern Länge zu den längsten der Welt gehört.

Für immer ausgestorben

Zwei Arten von Nashörnern leben in der Wildnis Afrikas: das Spitzmaulnashorn und das Breitmaulnashorn. Es gibt über 11 000 Breitmaulnashörner in Afrika. Es ist das zweitgrößte Landsäugetier. Das größte ist der Elefant.

Das Spitzmaulnashorn ist eines der seltensten Großtiere Afrikas. Auf dem gesamten Kontinent gibt es heute nur noch etwa 3 100 von ihnen.

Vor nicht einmal 40 Jahren dagegen lebten in Afrika ungefähr 65 000 Spitzmaulnashörner. Aber unzählige Nashörner wurden von Wilderern abgeschlachtet. Das sind bewaffnete Männer, die hinter den Hörnern der Tiere her sind. Das Horn ist wertvoller als Gold und wird für viel Geld in den Mittleren Osten und nach Asien verkauft.

Inzwischen sind spezielle Schutzgebiete für die Nashörner errichtet worden, und schon seit einigen Jahren gibt es Gesetze, die die Jagd auf sie verbieten und den Handel mit ihrem Horn untersagen. Es werden sogar Patrouillen ausgeschickt, die die Nashörner schützen sollen. Aber trotz all dieser Bemühungen werden noch immer Nashörner von Wilderern erlegt.

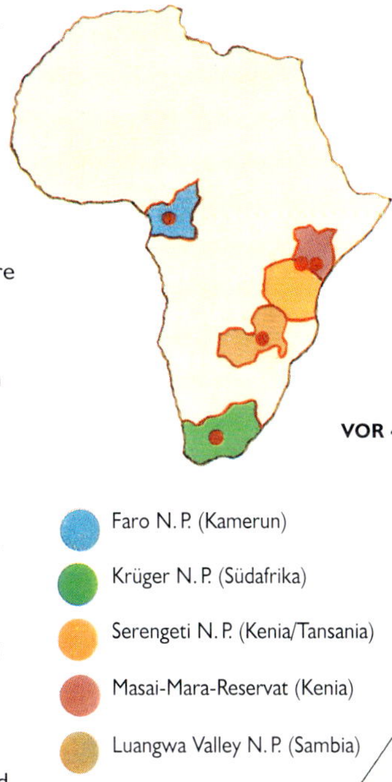

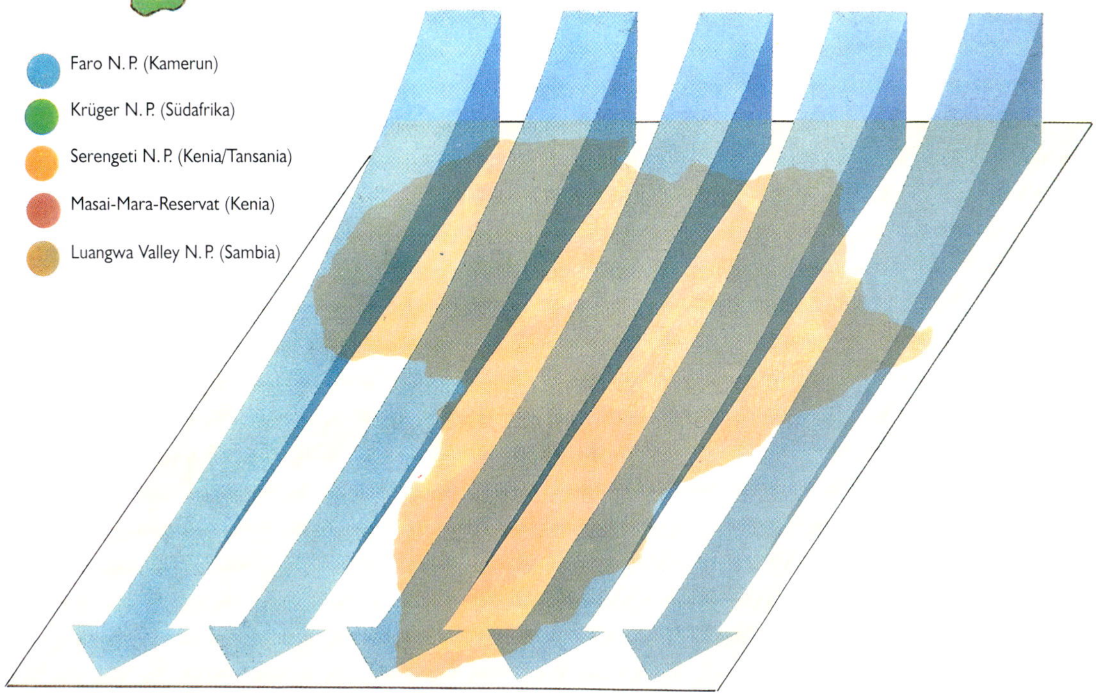

	SPITZMAULNASHORN	GEPARD	ELEFANT	SCHIMPANSE	NÖRDLICHES BREITMAULNASHORN
VOR 40 JAHREN	65 000	20 000	3 000 000	1 000 000	1 000
HEUTE	3 100	10 000	140 000	105 000	30

Skorpion

Skorpione werden zwischen knapp einem und achtzehn Zentimetern lang. Alle Arten tragen am Schwanzende einen giftigen Stachel, der ihnen zum Töten der Beute, aber auch zur Verteidigung dient. Bei der Paarung ergreift das Männchen die Scheren des Weibchens und bewegt sich mit ihm im Kreis.

Jäger und Gejagte

Tiere, die andere Tiere töten und fressen, bezeichnet man als Raubtiere oder Beutegreifer; ihre Opfer werden Beutetiere genannt.

Löwen machen Jagd auf viele andere Tiere, darunter Gnus, Zebras, Giraffen, Büffel und Warzenschweine. Um ihr Leben zu retten, müssen diese Beutetiere sehr schnell laufen können und außerdem ständig auf der Hut sein.

Das macht es für die Löwen natürlich schwierig, ein Tier zu erlegen. Sie müssen sich leise an ihre Beute anschleichen oder sich im hohen Gras verstecken und erst dann zuschlagen, wenn das Tier nicht damit rechnet.

Häufig gehen die Weibchen allein auf die Jagd, während die männlichen Löwen das Revier vor Eindringlingen schützen.

Indri

Indris sind sehr seltene Halbaffen, die nur noch an den bewaldeten Hängen einiger Vulkane auf Madagaskar leben. Ihre Rufe sind lauter als die aller anderen auf Madagaskar lebenden Tiere und hören sich an wie eine Mischung aus dem Heulen eines Hundes und dem Schmerzensschrei eines Menschen. Sie klingen deshalb oft ziemlich unheimlich.

Früher wimmelte es in der afrikanischen Landschaft von Tieren. Auch heute gibt es noch viel zu sehen – zum Beispiel Löwen, Leoparden, Paviane, Nashörner, Strauße und Flusspferde – aber in den letzten Jahrzehnten sind die Bestände dieser Tiere erheblich zurückgegangen. 1979 zum Beispiel lebten in Afrika noch rund 1,3 Millionen Elefanten. Es wurden jedoch so viele wegen des Elfenbeins getötet oder durch die sich ausbreitenden Dörfer und Städte vertrieben, dass es heute nur noch etwa 140 000 von ihnen gibt.

Gegenwärtig lebt der größte Teil des afrikanischen Tierbestandes in Reservaten, die zum Schutz der Tiere eingerichtet wurden. Einige dieser Reservate gehören zu den schönsten Naturschutzgebieten der Welt. Die Serengeti und der Ngorongorokrater in Tansania, das Masai-Mara-Reservat in Kenia, der Luangwa Valley National Park in Sambia und viele andere sind auf der ganzen Welt berühmt. Diese Naturschutzgebiete und das Großwild, das darin lebt, machen Afrika zu einem Kontinent, der auf der Welt seinesgleichen sucht.

Zebramanguste

Zebramangusten sind gesellige Tiere, die meistens in kleinen Gruppen auf die Jagd gehen. Sie ernähren sich von Insekten, Würmern und Schnecken, fressen aber auch Reptilien, Fische, Vögel und Mäuse.

Giraffe

Die Giraffen sind so groß, dass schon ihre Beine oft länger sind als ein erwachsener Mensch. Es sind friedliche Tiere, die in den Steppen und Savannen Afrikas leben und sich gern zu Gruppen zusammenschließen. Nur die männlichen Giraffen, die Bullen, kämpfen manchmal miteinander, indem sie ihre Schädel gegen den Kopf oder die Brust des Gegners schlagen.

Mit ihren langen Hälsen sind die Giraffen in der Lage, die Blätter selbst in den Spitzen der Akazienbäume zu erreichen. Den größten Teil des Tages verbringen Giraffen fressend. Manchmal wandern sie auch ein wenig herum oder ruhen kurz im Stehen. Giraffen legen sich gelegentlich auch hin, schlafen jedoch nie länger als ein paar Minuten.

Es gibt keine zwei Giraffen, die genau die gleiche Fellzeichnung haben. Gemeinsam sind ihnen jedoch große Flecken auf dem Körper und kleinere auf dem Hals und dem Kopf. Durch diese Zeichnung sind sie erstaunlich schwer zu erkennen; wenn sie im Schatten eines Baumes stehen, verschmelzen die Flecken mit den Schatten und die Köpfe sind zwischen Ästen und Blättern verborgen.

Afrikanische
VÖGEL

Es gibt ungefähr 9 000 verschiedene Vogelarten auf der Welt. Alle haben Federn und legen Eier, aber Formen, Größen und Farben unterscheiden sich ganz erheblich voneinander. Diese Vielfalt wird an den Schnabelformen besonders deutlich: Die Papageien haben große, kräftige Schnäbel zum Knacken von Nüssen; Spechte haben meißelförmige Schnäbel, mit denen sie Löcher in Baumstämme hacken; der Schnabel des Adlers ist zum Zerreißen von Fleisch gekrümmt, und die Nektarvögel haben lange, dünne Schnäbel, mit denen sie Nektar aus Blüten saugen.

Afrika ist besonders reich an Vögeln. In einigen afrikanischen Staaten, wie zum Beispiel in Kenia, gibt es sogar über 1 000 Arten, darunter Nashornvögel, Ibisse, Geier, Hammerköpfe, Kronenkraniche und Nimmersatt-Störche.

Auch der größte Vogel der Welt, der Strauß, ist in Afrika beheimatet. Strauße sind fast anderthalbmal so groß wie ein erwachsener Mensch und legen so große Eier, dass ein Straußenei angeblich für die Zubereitung von 70 Omeletts reicht. Die weit verbreitete Annahme, Strauße steckten ihren Kopf in den Sand, ist übrigens falsch. Beim Fressen stecken ihre Köpfe zwar oft zwischen dichten Büschen, aber in regelmäßigen Abständen richten sie sich auf und halten Ausschau nach Löwen oder anderen gefährlichen Tieren. Strauße können nicht fliegen, deshalb laufen sie davon, wenn ihnen Gefahr droht. Dabei erreichen sie Geschwindigkeiten von bis zu 50 Stundenkilometern.

Einer der merkwürdigsten Bewohner der afrikanischen Steppen ist der Sekretär. Er trägt an seinen langen, storchenähnlichen Beinen halblange „Pluderhosen" und hat einige sehr lange Federn auf dem Hinterkopf. Diesen Federn, die aussehen wie die Federkiele, die früher zum Schreiben benutzt wurden, verdankt er seinen Namen. Der Sekretär gehört jedoch nicht zu den Störchen, sondern ist ein naher Verwandter der Greifvögel und Falken. Seine Nahrung, die aus Insekten, kleinen Nagetieren und Schlangen besteht, sucht er auf dem Boden, Schlangen tötet er, indem er kräftig auf sie tritt.

Von allen Vögeln Afrikas, vielleicht sogar der ganzen Welt, ist der Blutschnabelweber der häufigste. Er ist ein kleiner sperlingsähnlicher Vogel mit einem roten Schnabel, und manchmal sind Schwärme von bis zu einer Million Exemplaren zu sehen. Man schätzt, dass es auf der Welt mindestens doppelt so viele Blutschnabelweber gibt wie Menschen.

OHRENGEIER

GRAUKOPF-BUSCH-WÜRGER

HAMMERKOPF

BLUTSCHNABEL-WEBER

GRAU-PAPAGEI

SEKRETÄR

DOMINIKANER-WITWE

STRAUSS

HELMPERLHUHN

GOLDSCHWANZSPECHT

KUHREIHER

SATTELSTORCH

SCHREISEEADLER

RIESENFISCHER

ROTSCHNABEL-TOKO

KRONENKRANICH

BRAUNER SICHLER

Hyäne

In vielen Teilen Afrikas hört man nachts ein merkwürdiges Kichern und Jaulen, aber auch gespenstische Schreie und ein widerwärtiges Gelächter. Diese Laute werden von Tüpfelhyänen hervorgebracht, die nachts auf Jagd gehen.

Wie klug sind Schimpansen?

Schimpansen sind sehr intelligente Tiere. Sie leben in den Wäldern und Savannen Afrikas, sind eng mit dem Menschen verwandt und ähneln ihm auch in vieler Hinsicht. Sie halten einander zum Beispiel oft an den Händen, küssen sich zur Begrüßung und können auch lächeln oder ein bekümmertes Gesicht machen, wenn sie etwas bedrückt.

Im Gegensatz zu den meisten anderen Affen sind Schimpansen in der Lage, Werkzeuge zu benutzen. Sie halten zum Beispiel einen

Die Sahara ist die größte Wüste. Sie ist fast ebenso groß wie die Vereinigten Staaten von Amerika – und sie wird immer größer.

Ein Leben in der Wüste

Kamele sind dem Leben in der Wüste ausgezeichnet angepasst. Sie haben buschige Augenbrauen und doppelte Augenlider, die ihre Augen vor dem Wüstensand schützen, und die Innenseiten ihrer Mäuler sind so hart, dass sie auch die scharfen Dornen der Wüstenpflanzen fressen können.

Auch die Höcker der Kamele haben eine wichtige Aufgabe. Sie dienen als Speicher, allerdings nicht als Wasserspeicher, wie viele Leute vermuten, sondern als Fettspeicher. Von diesem Fett zehrt das Kamel, wenn das Futter knapp ist.

Wie alle Wüstentiere kann auch das Kamel überleben, wenn es in unregelmäßigen Zeitabständen nur wenig Wasser erhält. Normalerweise reicht die in den Wüsten-

Erdferkel

Das Erdferkel ist ein überaus merkwürdiges Tier. Es hat eine lange, klebrige, wurmförmige Zunge, mit der es Ameisen und Termiten aufleckt.

Zweig in einen Termitenhügel und warten, bis sich die Termiten daran festbeißen. Dann fressen sie die Insekten, bevor sie sich wehren können.

Man hat Schimpansen sogar dabei beobachtet, wie sie sich mit Blättern wuschen.

SCHON GEWUSST?

Den längsten Regenwurm der Welt gibt es in Südafrika. Er kann bis zu sieben Meter lang werden. Wenn er sich in seinen unterirdischen Gängen bewegt, kann man ihn sogar über der Erde hören.

Der Strauß ist der größte lebende Vogel der Welt. Er wiegt rund 100 000-mal so viel wie der Hummelkolibri, der der kleinste Vogel ist.

Die Giftzähne der hochgiftigen Gabunviper aus den tropischen Regionen Afrikas werden bis zu fünf Zentimeter lang. Damit besitzt sie von allen Schlangen die längsten Giftzähne.

Die Giraffe hat von allen Tieren den längsten Hals; außerdem ist sie auch das höchste aller heute lebenden Landtiere. Die größten Exemplare messen vom Boden bis zur Spitze der Hörner viermal so viel wie ein Mensch.

Der bunteste Affe der Welt ist der Mandrill. Er hat blaue Wangen, eine grellrote Nase und ein gelbes Kinn. Wenn ein Mandrill sich aufregt, werden seine Farben noch leuchtender.

pflanzen enthaltene Feuchtigkeit aus, um das Kamel bis zu zehn Monate am Leben zu erhalten, ohne dass es zusätzlich noch etwas trinken muss. Wenn ein Kamel aber sehr durstig ist, kann es in nur zehn Minuten bis zu 130 Litern Wasser trinken.

Heuschreckenschwarme können eine bis zu 4 000 Quadratkilometer große Fläche bedecken und aus bis zu 400 Milliarden Tieren bestehen.

Springhase

Die Springhasen, die nur auf den Hinterbeinen herumhoppeln, ähneln winzigen Kängurus. Wenn sie es eilig haben oder gejagt werden, können sie mit einem einzigen Sprung Entfernungen von bis zu vier Metern zurücklegen.

ASIEN UND MITTLERER OSTEN

Asien ist der größte aller Kontinente. Er erstreckt sich beinahe über die halbe Erdkugel, von Saudi-Arabien bis Papua-Neuguinea. Der Kontinent besteht aus mehr als 40 Staaten. Da Asien beinahe 8 000 Kilometer breit ist und zwischen dem eisigen Norden und dem tropischen Süden 6 000 Kilometer liegen, ist es kein Wunder, dass die Landschaften und die Bewohner Asiens eine größere Vielfalt aufweisen als alle anderen Kontinente.

In Asien liegen sowohl der größte als auch einer der kleinsten Staaten der Welt. Der größte ist Russland. Russland ist ungefähr so groß wie die Vereinigten Staaten und Kanada zusammen, es gibt aber auch einige kleine Inselstaaten. Einer von ihnen ist die Inselgruppe der Malediven im Indischen Ozean mit einer Fläche von weniger als 300 Quadratkilometern.

Fortsetzung auf der nächsten Seite

Orang-Utan

In den Regenwäldern von Sumatra und Borneo, zwei Inseln in Südostasien, hört man gelegentlich sehr laute knurrende und gurgelnde Geräusche. Sie werden von Orang-Utans hervorgebracht, die wie alle Menschenaffen zu unseren nächsten Verwandten gehören.

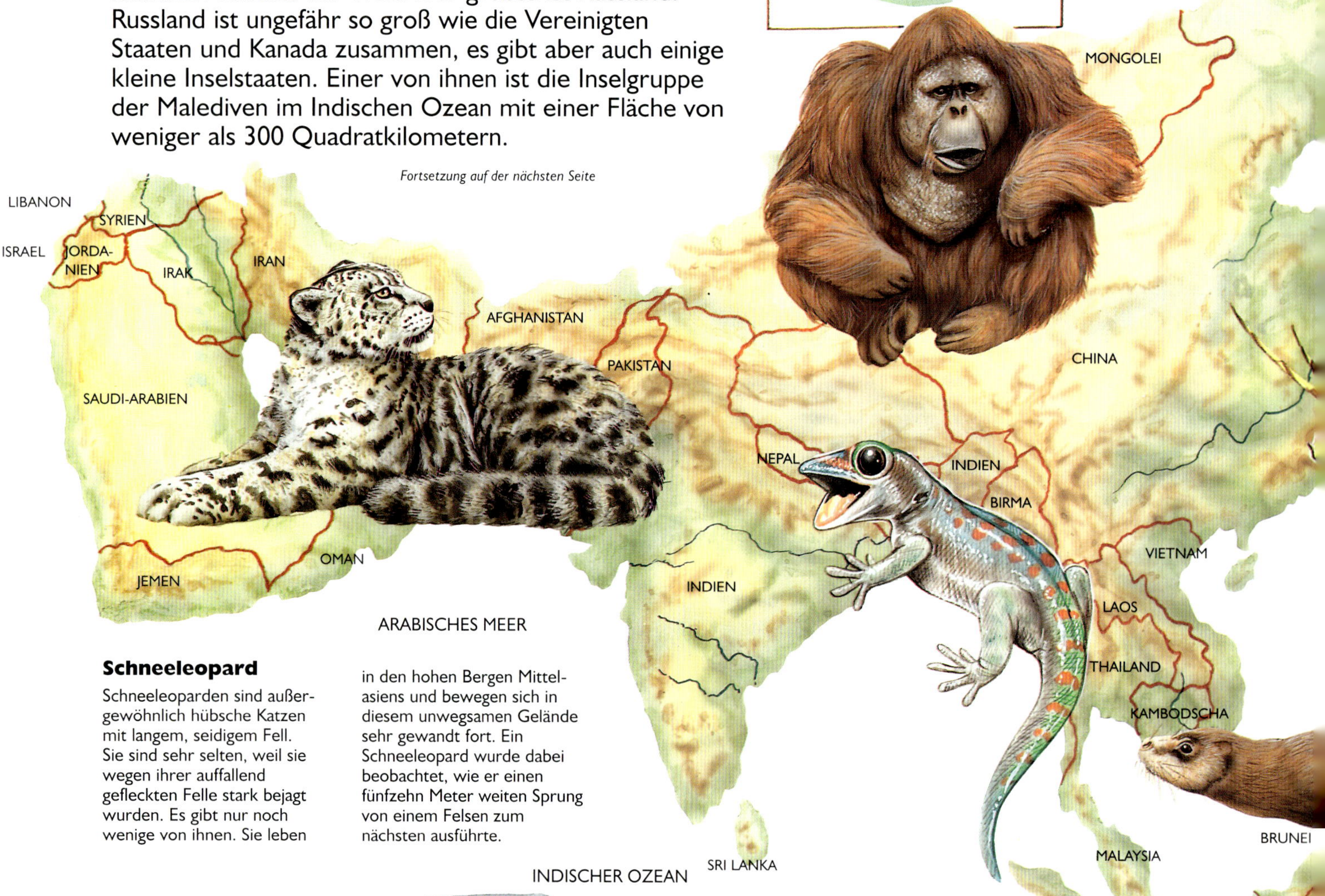

Schneeleopard

Schneeleoparden sind außergewöhnlich hübsche Katzen mit langem, seidigem Fell. Sie sind sehr selten, weil sie wegen ihrer auffallend gefleckten Felle stark bejagt wurden. Es gibt nur noch wenige von ihnen. Sie leben in den hohen Bergen Mittelasiens und bewegen sich in diesem unwegsamen Gelände sehr gewandt fort. Ein Schneeleopard wurde dabei beobachtet, wie er einen fünfzehn Meter weiten Sprung von einem Felsen zum nächsten ausführte.

Buckelwal

Die Buckelwale sind berühmt für ihren Unterwasser-Gesang. Die Laute, die sie von sich geben, sind noch vielfältiger als die der Vögel und dringen hunderte von Kilometern weit durchs Wasser. Manchmal hört man den Gesang sogar über der Wasseroberfläche, aber, obwohl er mehrfach aufgezeichnet wurde, hat noch niemand herausgefunden, welchem Zweck er eigentlich dient.

Gecko

Geckos sind die „gesprächigsten" Echsen der Welt. Sie scheinen sich durch zirpende, quakende, bellende oder klickende Rufe mit ihren Artgenossen zu verständigen. Das Interessanteste an ihnen ist jedoch, dass sie Wände hinauflaufen können und oft sogar an der Decke herumklettern ohne herunterzufallen. Dazu verhelfen ihnen Borsten unter den Sohlen, die wie Miniaturkrallen wirken.

Skorpionsfisch

Die Skorpionsfische, die sehr giftig sind, gehören zu den Drachenköpfen. Sie tragen eine Reihe von Stacheln auf dem Rücken, mit deren Hilfe sie ihren Feinden ihr Gift einspritzen.

Tiger

Der Tiger ist die größte Katzenart. Noch vor etwa einem Jahrhundert lebten überall in Asien rund 100 000 Tiger. Heute sind es nur noch etwa 6 000. Alle anderen wurden abgeschossen, gerieten in Fallen oder wurden vergiftet. Inzwischen gibt es Gesetze zu ihrem Schutz, und es wurden Reservate eingerichtet, in denen die Tiere sicher leben sollen – doch es werden trotz dieser Maßnahmen jedes Jahr noch immer viele Tiger getötet.

Komodo-Waran

Der vom Aussterben bedrohte indonesische Komodo-Waran ist die größte Echse der Welt. Er wird bis zu drei Meter lang und ernährt sich von Wildschweinen und Hirschen, kann aber auch Menschen angreifen und töten.

Otterzivette

In einigen Teilen Südostasiens müssen Vögel und andere kleine Tiere, die zum Trinken an einen Fluss oder ein Wasserloch kommen, sehr vorsichtig sein. Es könnte nämlich eine Otterzivette auf der Lauer liegen, von der meist nur die Nase über die Wasseroberfläche ragt.

Fortsetzung von Seite 40

Mehr als die Hälfte der Weltbevölkerung – nämlich knapp vier Milliarden Menschen – lebt in Asien. Der Süden Asiens ist dichter besiedelt als jeder andere Teil der Erde. An erster Stelle steht Macau an der Südspitze Chinas, wo durchschnittlich etwa 25 000 Menschen auf einem Quadratkilometer leben. Es gibt aber noch andere sehr menschenreiche Städte in Asien, darunter Tokio, Bangkok, Beijing, Singapur, Mumbai und Manila.

Fortsetzung auf der nächsten Seite

Die Nase zur Verständigung?

Nasenaffen haben gewaltige Nasen, die bis zu zehn Zentimeter lang werden und so weit herunterhängen können, dass sie fast bis zum Kinn reichen. Diese merkwürdig verlängerten Nasen dienen wahrscheinlich als Schallverstärker für Warnrufe, die wie der Ruf einer Gans klingen und über weite Strecken zu hören sind.

Nur die männlichen Tiere haben solche gewaltigen Nasen, die anschwellen oder sich röten, wenn sie wütend oder aufgeregt sind. Die weiblichen Nasenaffen haben kleinere Nasen und rufen auch nicht so laut; die Jungtiere haben kleine Stupsnasen.

Fortsetzung von Seite 41

In anderen Teilen des Kontinents dagegen leben nur sehr wenige Menschen. In der Mongolei zum Beispiel kommen, statistisch gesehen, nur knapp zwei Menschen auf einen Quadratkilometer, und Landschaften wie die Wüste Gobi in der Mongolei sind für die meisten Menschen zu unwirtlich. Auch in den Gebirgen leben nur wenige Menschen, und Asien ist besonders reich an Gebirgen. Dort finden sich auch die 25 höchsten Berge der Erde. Der bekannteste und zugleich der höchste von ihnen ist der Mount Everest. Er ist 8850 Meter hoch und wurde am 29. Mai 1953 zum ersten Mal bestiegen.

In unzugänglichen Landschaften wie diesen kann man mit sehr viel Glück noch seltene Tiere wie den Schneeleoparden oder das Przewalski-Pferd antreffen – und vielleicht sogar den sagenhaften Yeti, den Schneemenschen.

Fortsetzung auf Seite 44

Schabrackentapir

Tapire verbringen viel Zeit damit, sich kühl zu halten. Sie können ausgezeichnet schwimmen und halten sich während der heißen Stunden des Tages gern im Wasser auf. Junge Tapire sind anders gefärbt als die auffallend schwarz-weiß gezeichneten Erwachsenen; sie haben ein braunes Fell mit hellen Punkten und Streifen.

Sprachkünstler

Asien ist die Heimat der Beos, schwarz glänzender Vögel, die mit den Staren verwandt sind. Sie sind auf der ganzen Welt für ihre Fähigkeit bekannt, die Laute anderer Tiere nachzuahmen. Manche Beos können sogar menschliche Stimmen und Geräusche, wie zum Beispiel das Zuschlagen einer Tür oder das Läuten eines Telefons, nachmachen.

Auch viele andere Vögel haben eine derartige Begabung. So kann man Wellensittichen zum Beispiel beibringen „Hallo" zu sagen, und manche Papageien lernen sogar komplizierte Sätze, wobei es keine Rolle spielt, ob der „Lehrer" nun Griechisch spricht oder Kisuaheli, und jeder männliche Sumpfrohrsänger imitiert im Durchschnitt den Gesang von 76 anderen Vogelarten. Viele Vögel singen auch – je nach der Gegend, in der sie zu Hause sind – in unterschiedlichen „Dialekten".

Rohrkatze

Rohrkatzen sind zwar gelegentlich auch bei Tage zu sehen, gehen aber vorwiegend nachts auf die Jagd. Sie können hervorragend sehen und orientieren sich im Dunkeln außerdem mithilfe ihrer Schnurrhaare, die sie auf jedes Hindernis hinweisen, das ihnen auf ihren Streifzügen begegnet.

Gefährdete Arten

Heute gibt es schätzungsweise mehr als 15 Millionen verschiedener Tier- und Pflanzenarten auf der Erde. Viele von ihnen – möglicherweise hunderttausende – sind jedoch ausgesprochen selten. Zum Beispiel gibt es nur noch 30 Nördliche Breitmaulnashörner und um die 13 Chinesische Flussdelfine. Diese und andere Arten bezeichnet man als „gefährdet" oder „bedroht". Tiere und Pflanzen, die heute nicht mehr auf der Erde leben, sind „ausgestorben", wie zum Beispiel Dronte, Riesenalk, Wandertaube, Atlas-Bär, Bali-Tiger und das mit den Zebras verwandte Quagga. Man schätzt, dass jedes Jahr etwa 17 000 Arten aussterben.

Dafür gibt es verschiedene Gründe. In den meisten Fällen tragen jedoch die Menschen die Schuld am Aussterben einer Tier- oder Pflanzenart. Viele Tiere werden von Jägern erlegt, und durch das Abholzen von Wäldern oder das Trockenlegen von Sümpfen und anderen Feuchtgebieten werden ihre Lebensräume zerstört.

Wohl das bekannteste der bedrohten Tiere ist der Große Panda. Früher waren diese Bären in China weit verbreitet; heute leben nur noch wenige Große Pandas in abgelegenen Bambuswäldern im Südwesten des Landes. Man schätzt, dass es in China nur noch etwa 600 Große Pandas gibt.

Schlangen im Haus!

In Indien, Vietnam, Thailand und in anderen Teilen Asiens sind Schlangen in den menschenreichen Städten keine Seltenheit. Kettenvipern, Sandrasselottern, Kobras, Schmuckottern, Kraits und Rattennattern dringen oft in Wohnhäuser und andere Gebäude ein. Sie verkriechen sich auf Dachböden, hinter Schränken, unter Betten und in allen geeigneten Winkeln und Ritzen. Manche dieser Schlangen sind sehr gefährlich, und es fallen ihnen alljährlich hunderte oder sogar tausende von Menschen zum Opfer. Die meisten Schlangen sind jedoch klein und harmlos und ziehen es vor ihrer Wege zu gehen, anstatt ihre menschlichen Mitbewohner anzugreifen.

Fortsetzung von Seite 42

In Asien gibt es eine Vielzahl von Wildtieren: Tiger, Elefanten, Orang-Utans, Komodo-Warane, Nashörner, Pandas und viele andere. Da aber die Bevölkerung Asiens ständig wächst, sind immer mehr dieser Tiere gefährdet oder vom Aussterben bedroht.

Leoparden sind Einzelgänger

Der höchste Berg der Welt ist der fast neuntausend Meter hohe Mount Everest an der Grenze zwischen Nepal und Tibet.

Die höchsten Berge der einzelnen Kontinente

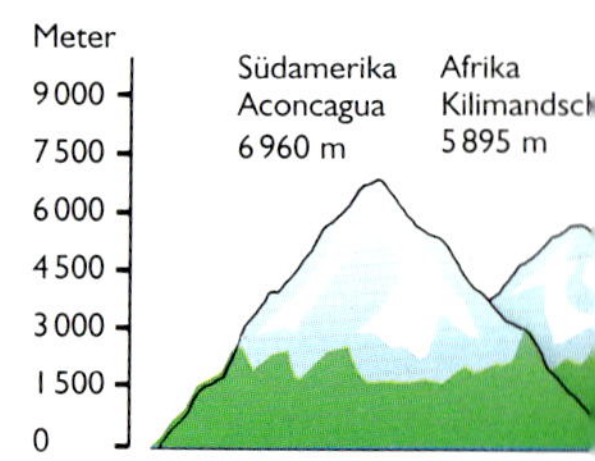

Akrobaten der Tierwelt

Die Gibbons in den Wäldern im Süden Asiens bewegen sich gewöhnlich in einem gemäßigten Tempo voran. Sie können sich aber auch blitzschnell von Ast zu Ast schwingen und sogar mitten im Flug kleine Vögel aus der Luft greifen.

Gibbons sind die Akrobaten der Tierwelt. Manchmal laufen sie aufgerichtet auf gefährlich dünnen Zweigen und halten die Arme dabei zur Seite ausgestreckt wie ein Seiltänzer im Zirkus. Oft schleudern sie sich auch von einem Ast aus hoch in die Luft, ergreifen den nächsten und schwingen sich weiter voran, wobei sie ihre Hände als Haken benutzen.

Obwohl sich Gibbons schneller durch das Geäst der Bäume bewegen können als alle anderen Affen, machen sie auch manchmal Fehler. Die meisten Gibbons brechen sich im Laufe ihres Lebens einen Arm oder ein Bein und machen eine schwere Zeit durch, bis die gebrochenen Gliedmaßen wieder geheilt sind.

Gavial

Gaviale gehören zur Familie der Krokodile. Sie werden bis zu sechs Meter lang und leben in Flüssen, wo sie mit ihren nadelspitzen Zähnen Fische packen.

Außerhalb der Paarungszeit gehen sich Leoparden gewöhnlich aus dem Weg. Sie zeigen ihren Artgenossen ihre Anwesenheit durch ein Knurren an, das nicht so klingt wie das der Löwen, sondern eher wie das Sägen von Holz. Leoparden jagen meistens allein und bewegen sich dabei langsam und geräuschlos. Auf diese Weise können sie in einer einzigen Nacht bis zu 25 Kilometer zurücklegen.

Obwohl der Leopard ein Nachttier ist, sieht man ihn auch tagsüber oft auf Bäumen oder Felsen in der Sonne liegen. An seinem gefleckten Fell, das ihm eine ausgezeichnete Tarnung bietet, ist der Leopard leicht zu erkennen. Leoparden gibt es in vielen Teilen Afrikas und Asiens; sie leben in Wäldern, Savannen, Wüsten und Gebirgen und sogar in Dörfern und Städten.

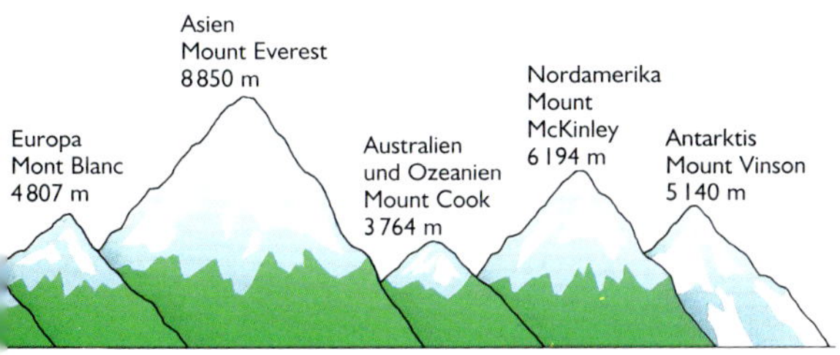

SCHON GEWUSST?

Das Javanashorn ist eines der seltensten Nashörner der Welt. Es gibt nur noch etwa 60 dieser Tiere in Indonesien und Vietnam.

Die kleinste Fledermaus der Welt ist Kitti's Zwerg- oder Hummelfledermaus, die in einigen wenigen Höhlen in Thailand lebt. Sie ist kleiner als der Daumen eines Erwachsenen.

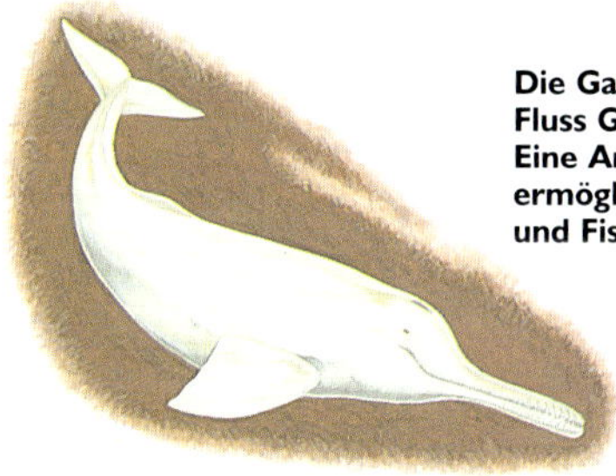

Die Ganges-Delfine, die in dem schlammigen Fluss Ganges in Indien leben, sind blind. Eine Art Echopeilung und ihr Tastsinn ermöglichen es ihnen, sich zurechtzufinden und Fische und Krebse zu fangen.

Indische Löwen sind schon so selten geworden, dass man sie nur noch an einem Ort findet. Etwa 250 dieser Tiere leben im Gir-Forst in Indien und sonst nirgendwo mehr auf der Welt.

Der Doppelhornvogel nistet in hohlen Baumstämmen. Das Männchen vermauert den Eingang der Höhle mit Schlamm, damit das Weibchen ungestört brüten kann.

Yak

Der Yak lebt hoch oben in den Bergen in Höhen, in denen es keine anderen größeren Säugetiere mehr gibt. Seine Heimat ist Tibet und das Szetschwan-Gebirge in China, wo er gelegentlich noch in 6 000 Metern Höhe anzutreffen ist.

Plumplori

Plumploris sind ziemlich behäbige Halbaffen. In der Natur bekommt man sie nur selten zu Gesicht, weil sie sehr verborgen leben und nur nachts in den Bäumen herumklettern. Plumploris leben in den Regen- und Bambuswäldern Asiens.

AUSTRALIEN

UND OZEANIEN

Ameisenigel

Wenn ein Ameisenigel erschreckt wird, gräbt er sich so schnell ein, dass es fast so aussieht, als würde er versinken. Ist der Boden zum Graben zu hart, rollt er sich zu einer Stachelkugel zusammen oder springt in die nächste Vertiefung, sodass nur noch sein durch Stacheln geschützter Rücken herausschaut.

Dingo

Dingos sind eng mit den Haushunden verwandt. Sie sind vermutlich vor etwa 8000 Jahren als zahme Hunde nach Australien gekommen und dann wieder verwildert. Dingos jagen hauptsächlich nachts, entweder allein oder im Familienverband. Ihre Beutetiere sind Kaninchen, Ratten, Echsen und Vögel. Sie greifen jedoch auch kleinere Kängurus an. Im Laufe der Jahre wurden hunderttausende dieser Hunde von Schafzüchtern erlegt, weil sie glaubten, sie rissen ihre Schafe.

Känguru

Einige Känguruarten können mit einem einzigen Sprung bis zu acht Meter zurücklegen. Sie stoßen sich mit den langen Hinterbeinen ab und benutzen ihre Schwänze als Balancierstangen. Sie erreichen so eine Geschwindigkeit von bis zu 50 Stundenkilometern.

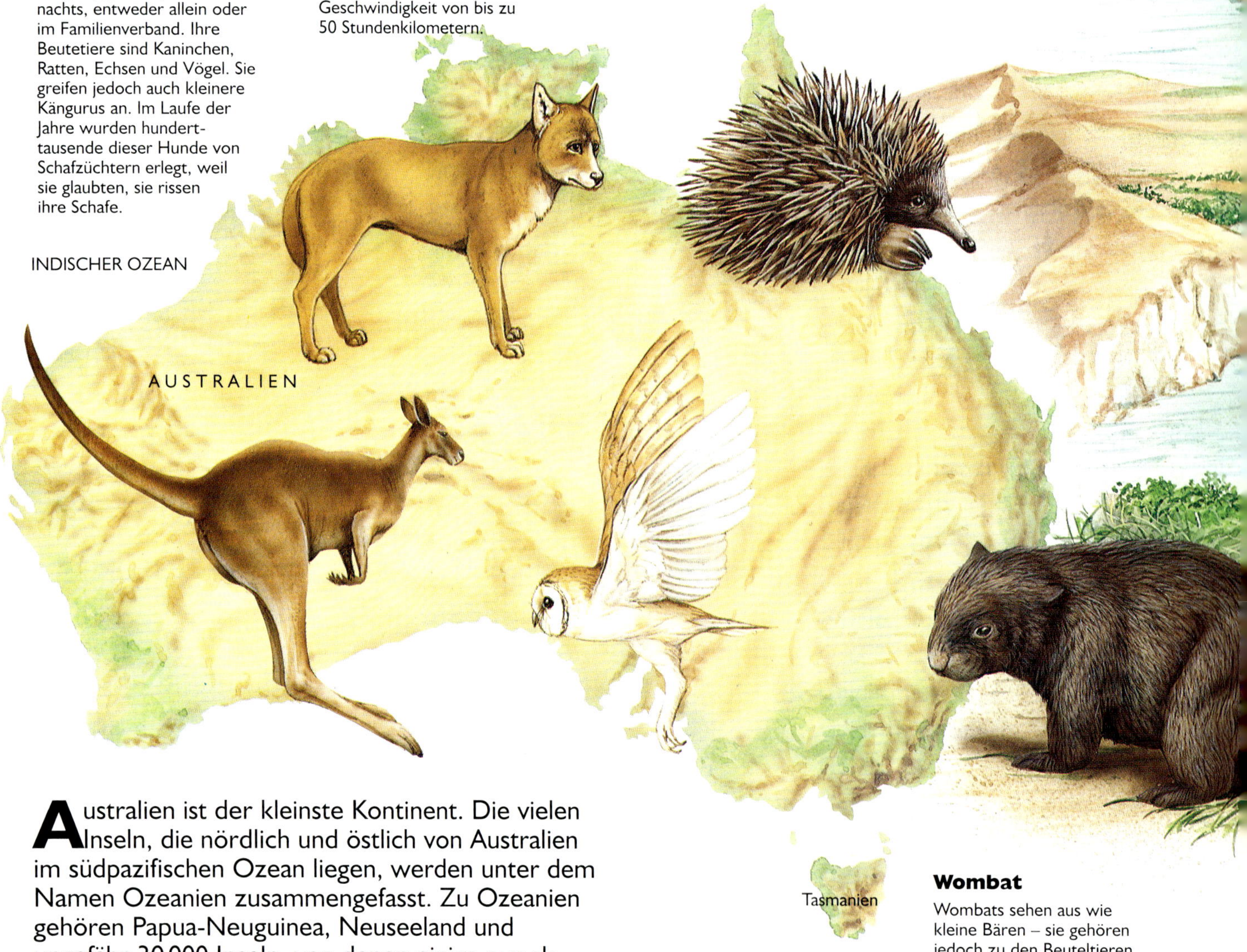

Australien ist der kleinste Kontinent. Die vielen Inseln, die nördlich und östlich von Australien im südpazifischen Ozean liegen, werden unter dem Namen Ozeanien zusammengefasst. Zu Ozeanien gehören Papua-Neuguinea, Neuseeland und ungefähr 30000 Inseln, von denen einige nur als winzige Felsenriffe über die Wasseroberfläche herausragen. Sie liegen über eine Fläche von tausenden von Kilometern verstreut.

In Australien leben nur ungefähr 19 Millionen Menschen, das sind jedoch immer noch mehr als die gesamte Einwohnerzahl der anderen Länder und Inseln dieser Region. Australien ist so groß, dass es das einzige Land der Welt ist, das als Kontinent betrachtet wird. Die Ureinwohner Australiens sind die Aborigines, die vermutlich vor 40000 Jahren aus

Fortsetzung auf Seite 48

Schleiereule

Schleiereulen, die ausgezeichnet sehen und hören können, jagen ausschließlich in der Nacht. Sie sehen selbst in einer bewölkten, mondlosen Nacht immer noch so gut wie ein Mensch an einem bedeckten, trüben Tag.

Wombat

Wombats sehen aus wie kleine Bären – sie gehören jedoch zu den Beuteltieren und sind mit dem Koala verwandt. Sie leben hauptsächlich in den Eukalyptuswäldern im Südosten Australiens, in Tasmanien und auf einigen nahe gelegenen Inseln. Im Gegensatz zu den Koalas sind die Wombats aber keine Baumbewohner, sondern graben sich Baue in der Erde.

Schnabeltier

Das Schnabeltier ist eines der merkwürdigsten Tiere der Welt. Es hat Schwimmhäute an den Füßen, einen platten Schnabel wie eine Ente und legt Eier. Es verbringt viel Zeit unter Wasser und hat einen dichten Pelz und einen flachen Schwanz wie ein Biber.

Kookaburra

Der Kookaburra, der auch Lachender Hans genannt wird, ist berühmt für seinen Ruf, der sich anhört wie das Lachen eines Menschen. Der Kookaburra gehört zwar zu den Eisvögeln, lebt aber lieber in offenem Waldgelände und in Gärten als an Flüssen und Seen. Außerdem ernährt er sich von Mäusen, Insekten und Schlangen anstatt von Fischen wie die anderen Eisvögel.

Emu

Emus sind kleine straußenähnliche Laufvögel. Ihre Vorfahren zogen schon vor fünfzigtausend Jahren durch den australischen Busch. Emus wandern gern herum; oft folgen sie dem Zug der Regenwolken in der Hoffnung, an den Orten, an denen es geregnet hat, Nahrung zu finden. Sie fressen Samen, Früchte, Blüten, Insekten und Schösslinge. Sie können zwar nicht fliegen, auf ihren langen Beinen aber große Entfernungen zurücklegen, und wenn sie gejagt werden, erreichen sie Geschwindigkeiten von bis zu 50 Stundenkilometern.

Eulenpapagei

Eulenpapageien oder Kakapos gibt es nur noch auf vier Inseln vor der Küste Neuseelands. Es leben heute nicht einmal mehr 100 Vögel dieser Art. Im Gegensatz zu anderen Papageien können sie nicht fliegen und sind außerdem Nachttiere. Sie geben ungewöhnliche Rufe von sich, die sich ungefähr so anhören, wie wenn jemand kräftig über die Öffnung einer leeren Flasche bläst.

Ameisenbeutler

Ameisenbeutler sind stets auf der Suche nach Nahrung. Sie fressen hauptsächlich Termiten – manchmal viele tausend am Tag –, die sie mit ihren langen, dünnen Zungen aufnehmen. Nachts schlafen die Ameisenbeutler in einer Mulde im Boden oder in einem hohlen Baumstamm.

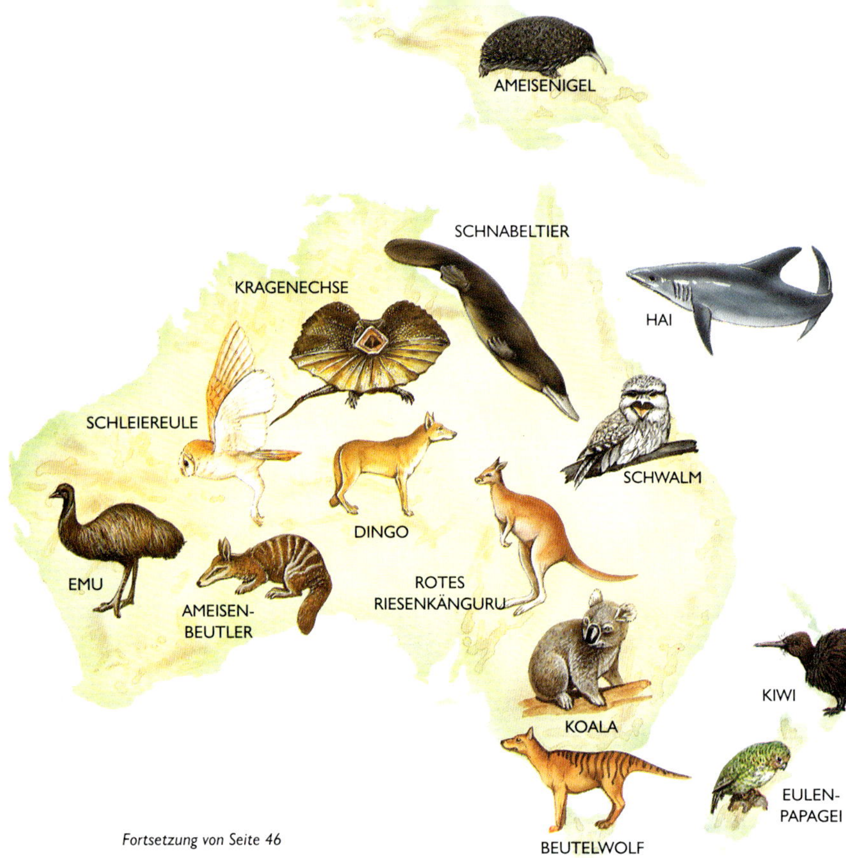

Fortsetzung von Seite 46

Südostasien einwanderten. Etwa 350 000 Aborigines leben heute in Australien. Einige halten noch immer an ihrer traditionellen Lebensweise fest. Die meisten von ihnen leben in den Städten oder auf Land, das ihnen von der Regierung zur Verfügung gestellt worden ist.

Das zweitgrößte Land dieser Region ist Papua-Neuguinea. Es besteht aus der Osthälfte der Insel Neuguinea (die Westhälfte gehört zu Indonesien) und einigen nahe gelegenen kleineren Inseln.

Das drittgrößte Land dieser Region ist Neuseeland, das aus zwei großen und vielen kleineren Inseln besteht und auf dem erst seit ungefähr 1000 Jahren Menschen leben.

Sind sie wirklich ausgestorben?

Früher waren Beutelwölfe auf Tasmanien weit verbreitet; inzwischen wurden jedoch so viele von ihnen von Jägern erlegt oder starben an Krankheiten, dass die meisten Wissenschaftler der Ansicht sind, dass diese Tierart heute ausgestorben ist. Der letzte bekannte Beutelwolf starb 1936 in Tasmanien. Seitdem wurde die Insel immer wieder nach Beutelwölfen abgesucht, jedoch ohne Erfolg. Selbst wenn es noch einige wenige Exemplare geben sollte, ist es sehr unwahrscheinlich, dass die Art überleben wird.

Der Beutelwolf wird wegen seines gestreiften Fells auch Tasmanischer Tiger genannt. Er gehört aber zu den Beuteltieren und ist daher mit den Kängurus verwandt. Die weiblichen Tiere haben einen Beutel vor dem Bauch, in dem sie ihre Jungen während der ersten Lebensmonate mit sich herumtragen.

Gefährliche Tiere

Viele Tiere können einen Menschen töten. Haien, Schlangen, Krokodilen, Löwen, Skorpionsfischen, Grizzlybären, Elefanten, Quallen, Spinnen, Tigern und sogar Fröschen sind im Laufe der Zeit zahlreiche Menschen zum Opfer gefallen.

Das Gift einiger Schlangen ist so stark, dass es einen Menschen innerhalb weniger Minuten töten kann; es gibt Geschichten über einzelne Tiger, die im Verlauf von mehreren Jahren hunderte von Menschen töteten; und die Stromstöße eines Zitteraals sind so stark, dass sie einen mehrere Meter entfernt stehenden erwachsenen Menschen umbringen können.

In Australien sind solche gefährlichen Tiere besonders zahlreich vertreten. Vor der

Da Australien und Ozeanien so groß sind, bieten sie eine Vielzahl von Lebensräumen. Dazu gehören tropische Inseln ebenso wie gewaltige Flüsse, beispielsweise der 2720 Kilometer lange Darling, Berge wie Mount Cook und Mount Kosciusko, ausgedehnte Wüsten und Großstädte wie Sydney, Canberra und Auckland.

In dieser Region finden sich aber auch einige der bedeutendsten Naturwunder der Erde. Das berühmteste ist das über 2000 Kilometer lange Große Barrier-Riff – ein Ansammlung von Inseln und Korallenriffen mit einer Vielzahl von Lebewesen wie Fischen, Vögeln, Krebsen, Seeigeln und vielen anderen.

Beuteltier-Rekorde

Das größte:
Rotes Riesenkänguru

bis zu 1,60 m

Das kleinste:
Zwergflachkopfbeutelmaus

mäusegroß

Das schnellste:
Graues Riesenkänguru

bis zu 80 km/h

Die höchsten Sprünge:
Rotes Riesenkänguru

bis zu 3 m

Die weitesten Sprünge
Graues Riesenkänguru

bis zu 13 m

Das langlebigste:
Wombat

bis zu 26 Jahre

In Australien gibt es Termiten, die über sechs Meter hohe Nester bauen. Diese Nester bestehen aus mehreren Tonnen Sand, den die Termiten im Laufe der Jahrhunderte Korn für Korn aufgetürmt haben.

australischen Küste wurden mehr Menschen von Haien angegriffen als sonst irgendwo auf der Welt, und auf dem Land gibt es eine Vielzahl von giftigen Spinnen, Hundertfüßern, Skorpionen, Schlangen und anderen Tieren. Die giftigste Spinne der Welt, die Trichternetzspinne, lebt sogar in den Häusern der Großstadt Sydney.

Die meisten Tiere gehen Menschen jedoch aus dem Weg und greifen nur an, wenn sie gereizt, geängstigt oder verletzt werden. Schlangen zum Beispiel versuchen sich gewöhnlich zu verstecken, wenn sie einen Menschen kommen hören, und beißen nur zu, wenn ein Mensch fast auf sie tritt. Aber auch die gefährlichsten Haie wie der Hammerhai und der Weißhai schwimmen oft an Badenden vorbei, ohne sie auch nur eines Blickes zu würdigen.

In Wirklichkeit werden weit mehr Tiere von Menschen getötet oder verletzt als umgekehrt. Alljährlich werden Millionen von Tieren wegen ihres Fells oder anderer Trophäen, zu Nahrungszwecken oder zum Vergnügen umgebracht. Viele sterben durch die Zerstörung oder Verschmutzung ihrer Lebensräume oder durch andere vom Menschen bewirkte Veränderungen ihrer Umwelt.

Hai

Haie gehören zu den gefürchtetsten Tieren der Welt. Diese Fische mit den stromlinienförmigen Körpern, nadelspitzen Zähnen, stechenden Augen und dem Geruchssinn, der sie Nahrung über viele Kilometer riechen lässt, haben einen sehr schlechten Ruf. Aber nicht alle Haiarten sind gefährlich. Manche von ihnen sind kaum fünfzehn Zentimeter lang und können nicht viel Schaden anrichten. Zwei der größten Arten – der fünfzehn Meter lange Walhai und der bis zu vierzehn Meter lange Riesenhai – ernähren sich ausschließlich von im Wasser schwebenden Kleinstlebewesen und sind deshalb für Menschen völlig ungefährlich.

Die australischen Dingos sind verwilderte Haushunde. Einst wurden sie darauf abgerichtet, als „Decken“ zu dienen und sich nachts so an ihre Besitzer anzuschmiegen, dass sie ihnen Schutz vor der Kälte boten.

Für Naturforscher sind Australien und Ozeanien besonders interessant, weil es in dieser Region viele auf der Welt einzigartige Pflanzen und Tiere gibt. Kängurus, Wallabys, Dingos, Beutelwölfe, Schnabeltiere, Ameisenigel, Nasenbeutler, Kookaburras, Emus, Kiwis, Wellensittiche, Kakadus und viele andere leben nur hier. In Australien gibt es sogar einen Riesenregenwurm, der bis zu drei Meter lang wird.

Die Beuteltiere

Von Kängurus ist allgemein bekannt, dass sie ihre Jungen in einem Beutel vor dem Bauch tragen. Normalerweise gebären sie nur ein winziges, unterentwickeltes Jungtier, das gleich nach der Geburt in den Beutel krabbelt. Dort bleibt es mehrere Monate, bis es zu einem kräftigen Jungtier herangewachsen ist. Wenn es den Beutel zum ersten Mal verlässt, ist es noch sehr ängstlich und flüchtet bei Gefahr mit einem Kopfsprung wieder hinein. Allmählich wird das Jungtier jedoch immer selbstständiger, bis es schließlich allein leben kann.

Es gibt noch viele andere Tiere, die ihre Jungen in solch einem Beutel aufziehen. Sie werden als „Beuteltiere“ zusammengefasst. In Nord-, Mittel- und Südamerika gibt es mehr als 70 Arten von Beuteltieren, in Papua-Neuguinea 71 und ungefähr 160 in Australien. Besonders bekannte australische Beuteltiere sind Tasmanischer Teufel, Nasenbeuteldachs, Beutelratte, Wallaby, Koala und Wombat.

Die Froschmäuler sind Schwalme – sie erhielten diesen Namen, weil sie besonders große Mundöffnungen haben.

Koala

Koalas sehen aus wie kleine Bären. Tatsächlich gehören sie aber, ebenso wie die Kängurus, zu den Beuteltieren. Die weiblichen Koalas tragen ihre Jungen in einem Beutel vor dem Bauch. Sie ernähren sich ausschließlich von den Blättern der Eukalyptusbäume im Südosten Australiens.

Kiwi

In den Wäldern und Buschländern Neuseelands leben ungewöhnliche Vögel. Die Kiwis können nicht fliegen und kommen nur nachts heraus. Sie haben sehr kleine Augen, können aber gut genug sehen, um mit hoher Geschwindigkeit durch dichtes Unterholz zu laufen. Kiwis nehmen alle möglichen Arten von Nahrung zu sich, darunter Würmer, Insektenlarven, Beeren und Samen.

Kragenechse

Die meisten Echsen laufen davon, wenn sie erschreckt oder bedroht werden. Im Gegensatz zu ihnen bleibt die australische Kragenechse stehen und versucht, den Angreifer zu vertreiben. Dazu breitet sie eine große Hautfalte hinter ihrem Kopf aus und bläht ihren Körper auf. Dadurch sieht sie wesentlich größer und gefährlicher aus als sie in Wirklichkeit ist.

SCHON GEWUSST?

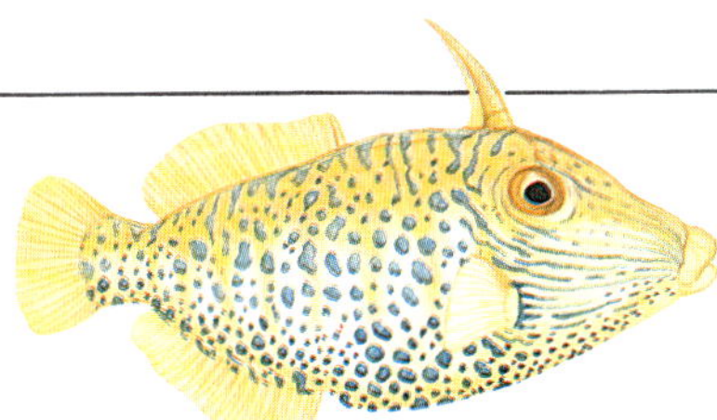

Die Schuppen der Feilenfische sind so rau, dass die Tiere früher manchmal anstelle von Sandpapier verwendet wurden.

Das größte von Tieren errichtete Bauwerk ist das über 2 000 Kilometer lange Große Barrier-Riff vor der Küste von Queensland in Australien. Es besteht aus unzähligen toten und sterbenden Korallen, die sich im Laufe von Millionen von Jahren aufeinander getürmt haben.

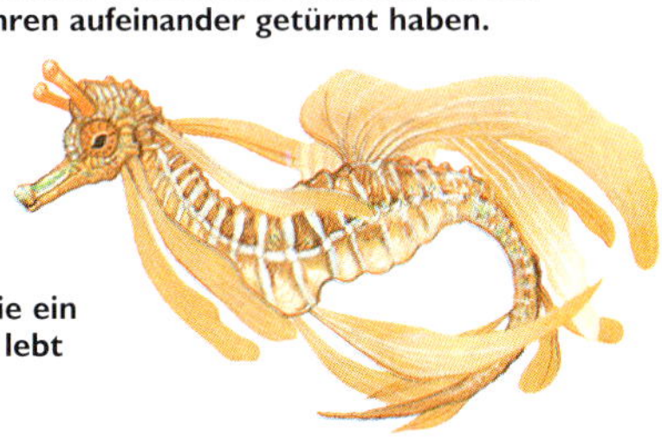

Der Große Fetzenfisch ist ein Seepferdchen, das aussieht wie ein treibendes Stück Seetang. Er lebt vor der australischen Küste.

Großfußhühner sind Vögel, die auf dem Boden große Nester aus pflanzlichem Material bauen. Bei der Verrottung der Pflanzen entsteht Wärme, die die Eier ausbrütet.

POLARGEBIETE

Kaiserpinguin

Kaiserpinguine müssen größere Kälte ertragen als alle anderen Vögel. In ihren Brutgebieten in der Antarktis sinken die Temperaturen bis auf minus 20° C, und stürmische Winde wehen

Rentier

Rentiere leben in den Wäldern und Tundren der Arktis. Sie haben ein dickes, wolliges Fell, das sie vor der Kälte schützt, und breite Hufe. Ähnlich wie Schneeschuhe verhindern diese, dass sie im Schnee versinken.

Eisfuchs

Eisfüchse leben in den kälteren Regionen Nordeuropas und Nordamerikas. Ihr dichtes, wolliges Fell ermöglicht es ihnen, Temperaturen von bis zu minus 80° C zu ertragen. Außerdem bietet ihr Fell, das im Sommer braun und im Winter weiß ist, eine ausgezeichnete Tarnung, die jeweils der Landschaft angepasst ist.

mit Geschwindigkeiten von bis zu 75 Stundenkilometern. Die Männchen, die die Eier ausbrüten, müssen rund sechzig Tage lang in der Kälte ausharren.

Walross

Walrosse haben enorme Stoßzähne, die ihr ganzes Leben lang wachsen. Wenn die Stoßzähne nicht an Felsen oder ähnlichem abbrechen, können sie bis zu einen Meter lang werden. Walrosse brauchen ihre Stoßzähne, um sich zu verteidigen, das Eis aufzubrechen oder um, eingehakt ins Eis, den Kopf beim Schlafen über Wasser zu halten.

Schwertwal

Schwertwale fressen Tümmler, Delfine, Seevögel, Tintenfische, Fische, Robben und auch andere Wale. Obwohl sie gefürchtete Jäger sind, verdienen sie ihren englischen Namen „Mörderwal" nicht. Sie töten nur, um Nahrung zu erlegen. Nur selten greifen sie Menschen an.

Albatros

Albatrosse haben gewaltige Flügelspannweiten und können stundenlang über die südlichen Meere gleiten. Die größten Arten sind der Königs- und der Wanderalbatros, deren Flügel eine Spannweite von über drei Metern haben.

Moschusochse

Das längste Fell aller Tiere haben die Moschusochsen. Einzelne Haarbüschel werden mitunter fast einen Meter lang. Das dicke, lange Fell schützt die Moschusochsen ausgezeichnet vor Kälte, aber auch vor den unzähligen Mücken der arktischen Tundra. Außerdem bietet es einen gewissen Schutz vor Raubtieren.

Die Arktis und die Antarktis, die unter der Bezeichnung Polargebiete zusammengefasst werden, gehören zu den schönsten Naturlandschaften der Erde. Hohe Berge, reinweißer Schnee, großartige Küsten, klarer blauer Himmel und fantastische Eisformationen bleiben unvergesslich.

Gleichzeitig sind beide Gebiete jedoch ein kalter und wenig einladender Lebensraum. Es gibt nur zwei Jahreszeiten: den Winter, in dem es nie richtig hell wird, und den Sommer, in dem es nicht dunkel wird.

Die beiden Pole, die an den entgegengesetzten Enden der Erde liegen, sind sehr verschieden. Die Arktis besteht aus gefrorenem Meerwasser, das von Land umgeben ist, die Antarktis dagegen aus einer Landmasse von der Größe Westeuropas, die vom Meer umgeben ist.

Scheidenschnabel

Scheidenschnäbel ähneln Tauben, verhalten sich aber eher wie Krähen. Sie fressen fast alles, was sie finden, zum Beispiel die Abfälle, die Wissenschaftler und Forscher in der Antarktis zurücklassen, und sie suchen die felsigen Küsten nach kleinen Tieren oder Überresten von Fischen ab. Ihre Hauptnahrung finden sie aber bei den Pinguinen. Scheidenschnäbel rauben ihnen die Eier und die Mahlzeiten und fressen sogar ihren Kot.

Narwal

Narwale sind eng mit den Delfinen verwandt. Sie besitzen nur zwei Zähne, von denen bei den Männchen einer zu einem langen spiralförmigen Stoßzahn umgeformt ist. Diese Stoßzähne können bis zu drei Meter lang werden. Welchen Zweck sie erfüllen, ist nicht genau bekannt; es wurden jedoch schon Narwale beobachtet, die über der Wasseroberfläche mit ihren Stoßzähnen fochten wie mit Schwertern.

Im Vergleich zu anderen Regionen der Erde gibt es in den Polargebieten nur relativ wenige Tier- und Pflanzenarten. Allerdings treten die Lebewesen, die unter den dort herrschenden Bedingungen leben können, oft in erstaunlich großer Zahl auf. In der Antarktis zum Beispiel gibt es im Sommer unzählige Robben und Millionen von Pinguinen, Raubmöwen, Albatrossen und anderen Vögeln. Die meisten dieser Tiere leben in Küstennähe, weil die Antarktis vollständig von einer Eisdecke überzogen ist, die bis zu fünf Kilometer dick ist. Die Arktis dagegen ist von den nördlichen Küsten Alaskas, Kanadas, Grönlands, Norwegens und Russlands umgeben; deshalb gibt es dort auch große Säugetiere wie Eisbär, Moschusochse und Ren.

Mit dem Floß durch die Arktis

In der Arktis leben vermutlich um die 25 000 Eisbären. Früher waren es wesentlich mehr, aber unzählige von ihnen wurden von Sportschützen und Pelzhändlern erlegt. Heute stehen die Eisbären weitgehend unter Schutz und können relativ gefahrlos in der Arktis umherziehen. Einige Bären wandern regelmäßig zwischen Alaska, Skandinavien und Russland hin und her, ohne sich um die politischen Grenzen zwischen diesen Ländern zu kümmern.

Manchmal sieht man Eisbären hunderte oder sogar tausende von Kilometern von der Küste entfernt auf großen Eisschollen treiben. Diese Eisschollen dienen ihnen als Flöße. Eisbären ziehen gerne umher und machen sich oft ohne bestimmtes Ziel auf den Weg.

Abgesehen von Wissenschaftlern verschiedener Nationen gibt es in der Antarktis keine Menschen. Dagegen sind viele Teile der Arktis bewohnt.

Die bekanntesten Bewohner der Arktis sind wahrscheinlich die Inuit, deren Vorfahren von der Jagd und dem Fischfang lebten.

Ein Leben in ewiger Nacht

Wenn es in der Arktis Sommer ist, ist es in der Antarktis Winter und umgekehrt, aber in beiden Jahreszeiten gibt es kaum einen Unterschied zwischen Tag und Nacht.

Die Neigung der Erdachse führt dazu, dass die Sonne in den Polargebieten im Sommer immer scheint, im Winter aber fast völlig verschwindet. Das bedeutet, dass die Pflanzen und Tiere der Polargebiete während der Sommermonate in ständigem Tageslicht und während der Wintermonate in ständiger Dunkelheit leben müssen.

Wenn in der Arktis also die Sonne nicht untergeht, geht sie in der Antarktis überhaupt nicht auf.

See-Elefant

Wenn ein See-Elefant sich aufrichtet, ist er wesentlich größer als ein Mensch. See-Elefanten werden bis zu sechs Meter lang und wiegen bis zu dreieinhalb Tonnen. Ihren Namen erhielten sie, weil die männlichen Tiere rüsselförmig verlängerte Nasen haben, die über ihr Maul herunterhängen. Diese langen Nasen dienen als Verstärker für das Gebrüll der Bullen, das oft kilometerweit zu hören ist.

Überleben in der Kälte

Das Hauptproblem, mit dem die Tiere in der Arktis und der Antarktis zu kämpfen haben, ist die Kälte. Die Temperatur in den Polarregionen steigt selten über 10° C und liegt meistens, vor allem im Winter, wesentlich tiefer. In manchen Gebieten sind minus 60° C keine Seltenheit.

Um zu überleben, müssen sich die Tiere dieser Region auf die eine oder andere Art und Weise warm halten. Kaiserpinguine zum Beispiel drängen sich während des Brütens dicht aneinander um sich zu wärmen; Moschusochsen und Eisbären tragen dichte, warme Felle, und Wale haben eine dicke, isolierende Speckschicht unter der Haut.

Es gibt aber auch Tiere, die in den Polargebieten nicht überleben könnten. Zu ihnen gehören die kaltblütigen Tiere, wie zum Beispiel Schlangen, Echsen und Frösche, deren Körpertemperatur immer der Außentemperatur entspricht. Bei niedrigen Außentemperaturen sind diese Tiere nicht mehr in der Lage, sich zu bewegen.

Der wärmste und der kälteste Ort der Erde

Der kälteste:
Station Wostok, Antarktis
Jahresdurchschnitt −57,8° C

Der wärmste:
Dallol, Äthiopien
Jahresdurchschnitt +34,4° C

Größte Gegensätze:
Werchojansk, Sibirien
von −68° C bis +36,7° C

Spornammer

Spornammern sind etwa sperlingsgroße Zugvögel, die sehr gut fliegen können. Trotzdem bleiben sie selten längere Zeit in der Luft. Sie gehen am Boden auf Nahrungssuche und brüten und schlafen auch am Boden.

Die moderne Technik ermöglicht es den Menschen jedoch, immer weiter in diese Gebiete vorzudringen. Deshalb nimmt der Druck auf die Polargebiete, ausgelöst durch die unablässige Suche nach neuen Öl- und Mineralvorkommen, die Jagd auf Wale, Robben und Pinguine und auch durch die Verschmutzung der Meere, ständig zu.

Die Weltreisenden

Im Laufe ihres Lebens legen Küstenseeschwalben Entfernungen zurück, die der Strecke von der Erde zum Mond entsprechen. Bis zu dreißig Jahre lang fliegen sie jedes Jahr von einem Ende der Welt zum anderen und wieder zurück. Vermutlich gibt es keine andere Vogelart, die auch nur annähernd so weite Strecken zurücklegt wie die Küstenseeschwalbe. Für diese gewaltigen Entfernungen brauchen die Vögel eine Reisezeit von acht Monaten pro Jahr. Viele von ihnen verbringen den südlichen Sommer in der Antarktis und fliegen dann nach Norden, um im nördlichen Sommer in der Arktis zu brüten.

Wenn die Brutzeit vorüber ist, trennen sich die Paare und machen sich auf die Rückreise Richtung Süden. Erst nach etwa einem Jahr – zur nächsten Brutzeit – treffen sie sich in der gleichen Kolonie wieder.

Im Frühjahr fliegen die Schneegänse nach Norden, um in der arktischen Tundra zu brüten. Die Wintermonate verbringen sie im Süden der USA oder in Mexiko.

Ein Leben unter dem Eis

Wenn man auf dem Packeis der Antarktis steht, kann man mit etwas Glück die Rufe der unter ihm lebenden Weddelrobben hören. Weddelrobben leben weiter südlich als alle anderen Robben, in Gebieten, in denen das Meer gewöhnlich für acht Monate des Jahres bis in mehrere Meter Tiefe zugefroren ist.

Den größten Teil des antarktischen Winters verbringen die Weddelrobben im Wasser. Sie können tiefer tauchen als die anderen Robben. Die größte bisher ermittelte Tauchtiefe betrug 600 Meter, und erst nach 73 Minuten tauchte die Robbe wieder auf. Die Weddelrobben sind dem Leben unter dem Eis perfekt angepasst;

Schneeschuhhase

Mit dem Wechsel der Jahreszeiten verändert sich auch die Farbe des Schneeschuhhasen. Im Sommer ist er braun wie alle anderen Hasen, aber im Winter färbt sich sein Fell schneeweiß. Diese Tarnfarbe macht es Füchsen und anderen Feinden schwer, ihn aufzuspüren.

SCHON GEWUSST?

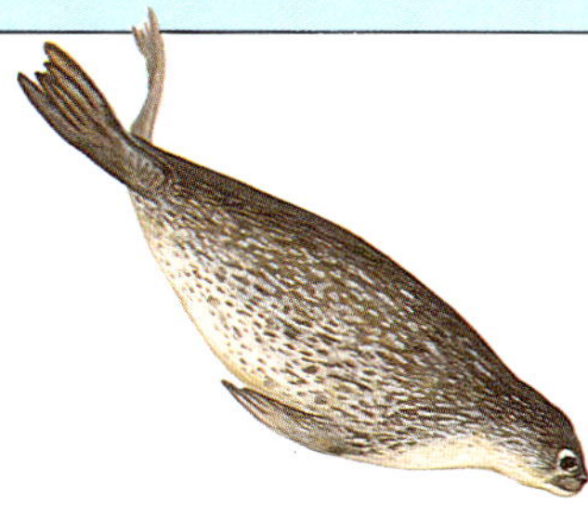

Weddelrobben können länger als eine Stunde unter Wasser bleiben, ohne aufzutauchen, und bis in Tiefen von 300 Metern und mehr vordringen.

In der Arktis gibt es keine Pinguine.

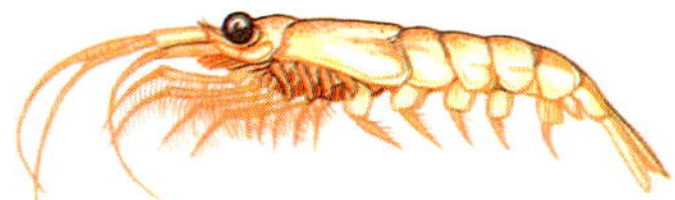

Ein Blauwal kann bei einer einzigen Mahlzeit über drei Tonnen Krill – das sind kleine Krebse – aufnehmen. Er schwimmt dazu mit weit geöffnetem Maul durch die Krillschwärme und filtert die Krebse heraus.

Die dickste Eisdecke der Welt findet sich in der Antarktis. Dort hat sie an einigen Stellen eine Dicke von fast fünf Kilometern.

Der größte Eisberg, der jemals vermessen wurde, wurde 1956 in der Antarktis entdeckt. Er war 335 Kilometer lang und 97 Kilometer breit und war damit größer als Belgien.

Man schätzt, dass jedes Jahr über 100 Millionen Vögel, wie Pinguine, Sturmschwalben, Raubmöwen (links) und Albatrosse an den Küsten und auf den Inseln der Antarktis brüten.

sie haben große Augen, um im trüben Dämmerlicht ihres Lebensraums genug sehen zu können, und vorstehende Vorderzähne, mit denen sie Atemlöcher ins Eis nagen.

Zur Balz der Adeliepinguine gehört es, dass das Männchen einen Stein aufnimmt und ihn dem Weibchen anbietet. Wenn sie sich daraufhin verbeugt und das „Geschenk" akzeptiert, weiß das Männchen, dass es seine Partnerin gefunden hat.

KLASSIFIKATION DES TIERREICHS

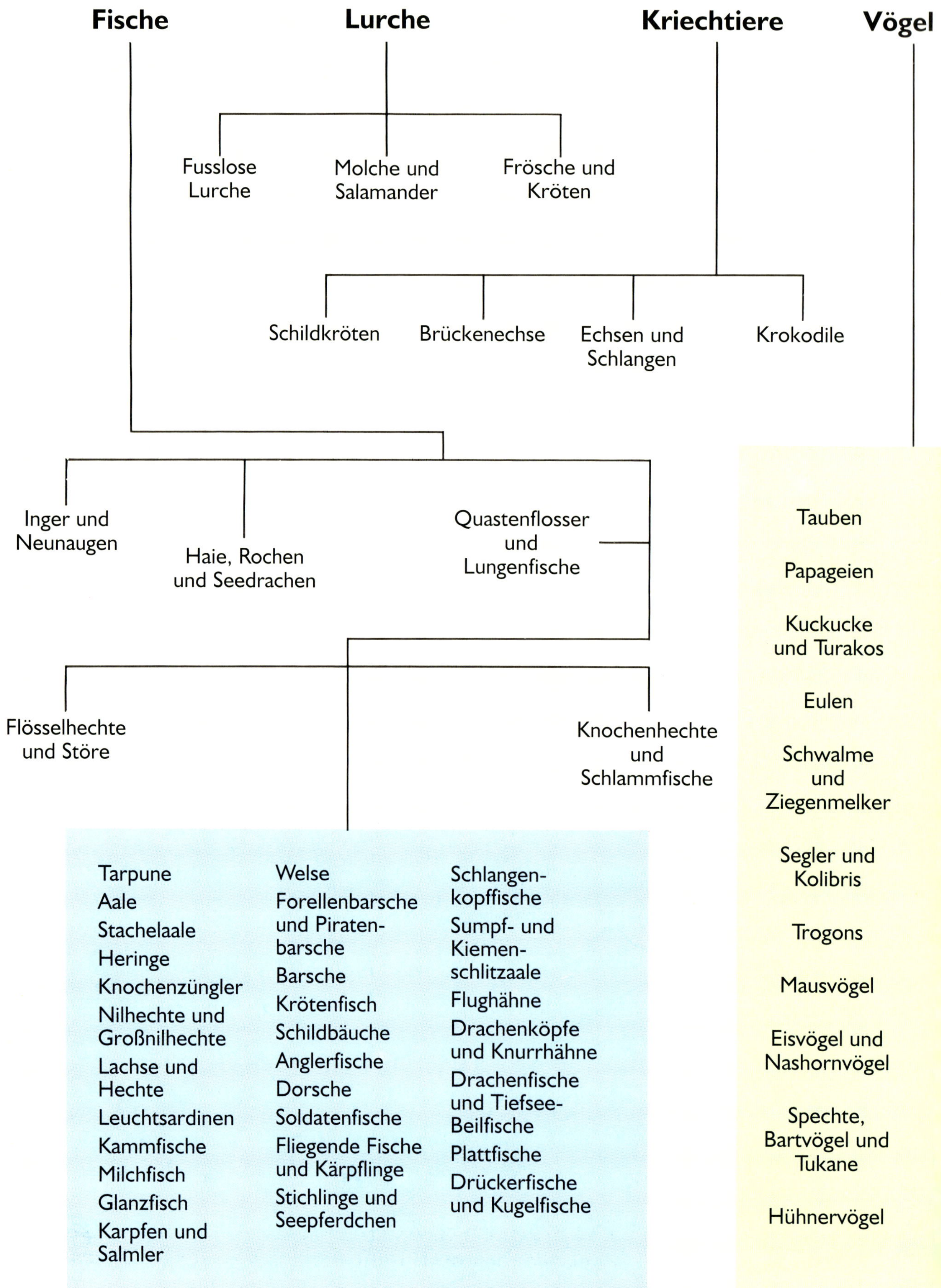

- Kiwis
- Strauße
- Nandus
- Kasuare und Emus
- Steißhühner
- Lappentaucher
- Seetaucher
- Pinguine
- Albatrosse, Sturmtaucher und Sturmvögel
- Pelikane
- Reiher, Störche und Flamingos
- Wehrvögel und Enten
- Adler, Habichte und Geier
- Hockos und Hoatzins
- Kraniche
- Watvögel, Möwen und Alken

Säugetiere

- Ameisenigel und Schnabeltier
- Beuteltiere
- Plazentatiere
  - Insektenfresser
  - Lemuren
  - Fledertiere
  - Herrentiere
  - Wale
  - Ameisenbären, Faultiere und Gürteltiere
  - Schuppentiere
  - Pfeifhasen, Hasen und Kanninchen
  - Nagetiere
  - Raubtiere
  - Robben
  - Erdferkel
  - Elefanten
  - Schliefer
  - Seekühe
  - Unpaarhufer
  - Paarhufer

Wirbellose

- Gliederfüsser (z. B. Skorpione, Spinnen, Insekten, Seepocken u. a.)
- Stachelhäuter (z. B. Seesterne, Schlangensterne und Seeigel)
- Weichtiere (z. B. Schnecken, Elefantenzähne, Muscheln, Tintenfische und Kraken)
- Gliederwürmer (z. B. Regenwürmer und Egel)
- Einzeller
- Hohltiere (z. B. Quallen, Seeanemonen und Korallen)
- Badeschwämme
- Plattwürmer (z. B. Strudelwürmer, Saugwürmer und Bandwürmer)

Zur Kenntnis: Dies ist keine streng systematische Übersicht. Einige Gruppen wurden weiter unterteilt als andere, weil sie mehr bekannte Tiere enthalten.

GLOSSAR

Allesfresser	Tiere, die sowohl Pflanzen als auch Fleisch fressen.
Anpassung	Ein Merkmal eines Lebewesens, das es ihm ermöglicht, unter bestimmten Umständen zu überleben. Eine Anpassung ist zum Beispiel das dicke, wollige Fell des Eisfuchses, das ihn auch bei großer Kälte warm hält.
Art	Eine Gruppe von Lebewesen (die nicht unbedingt zusammenleben müssen), die einander ähneln und sich erfolgreich untereinander fortpflanzen können.
Aussterben	Eine Tier- oder Pflanzenart, die von der Erde verschwunden ist, bezeichnet man als ausgestorben. Offiziell wird eine Art als ausgestorben betrachtet, wenn fünfzig Jahre lang keiner ihrer Vertreter mehr gesehen worden ist. Das bekannteste ausgestorbene Tier ist die Dronte.
Beuteltiere	Eine Gruppe von Säugetieren, von denen die meisten eine Hautfalte auf dem Bauch haben, in der die Jungen sicher und geschützt sitzen. Beuteltiere wie zum Beispiel Kängurus, Opossums und Nasenbeutler leben in Australien und Ozeanien sowie in Nord- und Südamerika.
Beutetiere	Tiere, die von anderen Tieren getötet und gefressen werden.
Dschungel	Weitverbreitete Bezeichnung für den tropischen Regenwald, eine Waldform in den Tropen mit dichtem Baumbestand, Kletterpflanzen und ähnlichem.
Einzelgänger	Tiere, wie zum Beispiel Tiger, die sich nur zur Paarungszeit mit einem Artgenossen zusammenschließen.
Evolution	Die allmähliche Veränderung von Lebewesen. Tiere und Pflanzen verändern sich ständig, um sich besser an ihre Umwelt anzupassen. Da sich auch die Umwelt ständig verändert, ist die Evolution ein nie endender Vorgang.
Fleischfresser	Tiere oder Pflanzen, die sich ausschließlich oder zum größten Teil von Tieren ernähren. Zu den tierischen Fleischfressern oder „Raubtieren" gehören Hunde, Katzen, Hyänen, Bären und Waschbären.
gefährdete Arten	Tiere oder Pflanzen, die vom Aussterben bedroht sind.
gemein	Lebewesen, die häufig oder in großer Zahl vorkommen, bezeichnet man als gemein, zum Beispiel die Gemeine Wegschnecke.
Habitat	Der Lebensraum einer Tier- oder Pflanzenart, zum Beispiel ein See, ein Gehölz oder eine Wüste.
Herde	Eine Gruppe großer Tiere, wie Gnus oder Büffel, die zusammen leben, fressen und umherziehen.
Intelligenz	Die Fähigkeit eines Lebewesens, aus Erfahrungen zu lernen.
Kontinent	Bezeichnung für die großen Landmassen der Erde, zum Beispiel Nordamerika, Asien oder Australien.
nachtaktiv	Bezeichnung für Tiere, die tagsüber schlafen und nachts munter werden.
Nationalpark	Ein Gebiet, in dem Pflanzen, Tiere und ihre Umwelt vor Verfolgung und Vernichtung geschützt sind.
Naturschutz	Die Bewahrung von Naturlandschaften mit den in ihnen lebenden Tieren und Pflanzen. In einem unter Naturschutz stehenden Gebiet darf zum Beispiel nicht gebaut werden, und auch die Jagd unterliegt strengen Kontrollen.
Pflanzenfresser	Ein Tier, das sich ausschließlich oder überwiegend von Pflanzen ernährt.
Population	Die Anzahl von Tieren einer bestimmten Art, die in einem begrenzten Gebiet zu finden ist.
Raubtiere	Tiere, die andere Tiere töten und fressen, heute auch Beutegreifer genannt.
Revier	Ein bestimmtes Gebiet, das von einem Tier oder einer Gruppe bewohnt und gegen Eindringlinge verteidigt wird.
Rudel	Eine Gruppe von Raubtieren, wie zum Beispiel Wölfe und Löwen.
Säugetier	Jedes Wirbeltier, dessen Junge mit Muttermilch aufgezogen werden. Säugetiere sind warmblütig und atmen Luft; die meisten von ihnen haben ein Fell.

tagaktiv — Bezeichnung für Lebewesen, die tagsüber auf die Jagd gehen oder fressen und nachts schlafen.

Tarnung — Eine Färbung, die ein Tier optisch mit dem Hintergrund verschmelzen lässt, sodass seine Feinde oder seine Beutetiere es nur schwer erkennen können.

Tier — Jedes Lebewesen, das keine Pflanze und kein Pilz ist; ein Lebewesen, das seine Nahrung nicht selbst erzeugen kann (wie es die Pflanzen tun). Die meisten Tiere können sich fortbewegen.

Tropen — Die beiderseits des Äquators liegenden Zonen der Erde.

Tundra — Die öden, fast völlig ebenen, baumlosen Landstriche in der Arktis.

Umwelt — Alles, was ein Lebewesen umgibt, zum Beispiel andere Pflanzen und Tiere, der Boden, das Klima und dergleichen mehr.

Unterart — Eine Gruppe von Lebewesen, die zwar zu einer bestimmten Art gehören, jedoch in einem abgesonderten Gebiet leben (zum Beispiel auf einer Insel) und sich deshalb etwas anders entwickelt haben.

Verbreitungsgebiet — Die Regionen oder Teile der Erde, in denen bestimmte Tiere oder Pflanzen leben.

Wanderungen — Von Tieren regelmäßig, meist zu bestimmten Jahreszeiten unternommene Züge, die sie an Orte bringen, an denen es besseres Futter gibt oder sie sich fortpflanzen können.

Winterschlaf — Eine Zeit der Ruhe, in der die Körperfunktionen wie Herzschlag und Atmung eines Tieres verlangsamt sind und auch die Körpertemperatur sinkt. In diesem Zustand verbringen viele Tiere den Winter oder längere Schlechtwetterperioden.

Wirbellose — Tiere ohne Wirbelsäule, zum Beispiel Schnecken.

Wirbeltiere — Tiere mit einer Wirbelsäule.

Wüste — Ein trockener, sandiger Landstrich, in dem nur wenige Pflanzen und Tiere leben und in dem es nur sehr wenig regnet.

REGISTER